宋宫大衣

图说宋人服饰

傅伯星 著

上海古籍出版社

图书在版编目(CIP)数据

大宋衣冠：图说宋人服饰／傅伯星著．—上海：
上海古籍出版社，2016.10（2025.3重印）
ISBN 978-7-5325-7765-1

Ⅰ.①大… Ⅱ.①傅… Ⅲ.①服饰—中国—宋代—图集 Ⅳ.①K892.23-64

中国版本图书馆CIP数据核字（2015）第183719号

大宋衣冠：图说宋人服饰

傅伯星　著
上海古籍出版社出版发行
（上海市闵行区号景路159弄1-5号A座5F　邮政编码201101）
（1）网址：www.guji.com.cn
（2）E-mail:guji1@guji.com.cn
（3）易文网网址：www.ewen.co
上海丽佳制版印刷有限公司印刷
开本710×1000　1/16　印张21　插页13　字数200,000
2016年10月第1版　2025年3月第8次印刷
印数：21,101—22,400
ISBN 978-7-5325-7765-1
K·2085　定价：98.00元
如有质量问题，请与承印公司联系

宋太祖像

从北宋开国皇帝宋太祖开始，戴折上巾，穿圆袖宽大袍(宋真宗开始着红袍)，束带，着靴，就成了两宋皇帝画像中的标准着装，连坐姿都没有大的变化。

宋徽宗像

宋高宗像

赵佶《听琴图》
赵佶《听琴图》中之自画像。赵佶是两宋皇帝中唯一着休闲装者，宛若文人。

《女孝经图》（局部）

画中皇帝着通天冠服，皇后着龙凤花钗团冠服。二人身旁皆内侍与宫女。

《望贤迎驾图》（局部）

该图画唐代太上皇唐玄宗(黄袍)与其子唐肃宗(红袍)之事，但画中人均着宋服，故可看作是太上皇宋高宗与继子宋孝宗的着装。

宋仁宗皇后坐像

这是宋代皇后像中最特殊的一幅,其左右各有一名盛装宫女。此像的描绘极为精妍准确,以至三人冠服几乎可以按画复制。

杨皇后像

宋代服饰中的曲领方心

宋代发明的曲领方心,从以下两图可以看出正背两面的结构:正面是圆形加一方心,背面是两条帛带结成蝴蝶结状垂在背上。这是官员礼服必备的"标配",宋以前是没有的。

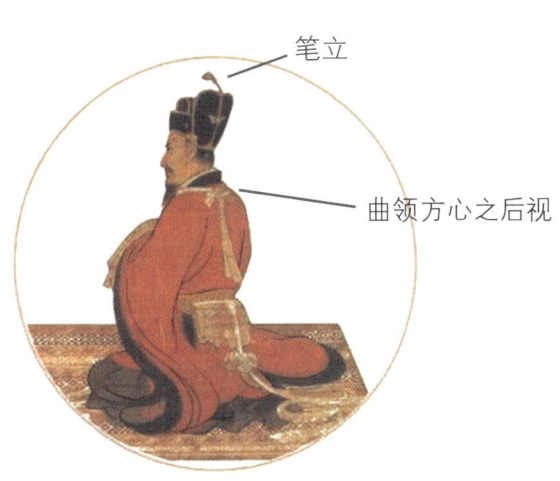

笔立

曲领方心之后视

彩塑宫女
太原晋祠中北宋宫女彩塑像四例，衣着多作上衣下裳，皆鲜亮夺目。

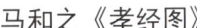
马和之《孝经图》

南宋画中的内侍(宦官)、宫廷卫士皆彬彬然如文人，宫女也多着男装，上衣下裳者偶见，但已非丽人装束。

君臣皆穿礼服，殿内内侍与殿外卫士皆乌帽长衣。

一二品大臣又是几朝元老，才有资格戴貂蝉笼巾，是官员礼服中最高级的配套头衣。

南宋周季常、林庭圭《五百罗汉》（组画中一局部）
一个着常服的官员正在祭神，因其着青色官袍，可知官阶仅八九品。

马远《西园雅集图》（局部）

此画描绘了北宋名人旧事。所有下班的官员都作文人着装，衣袍素雅，没有一个穿华服美袍，可见当时返朴归真的审美情趣蔚然成风。

《盥手观花图》（局部）

画中洗手者即宫中一妃，看似简单的上衣下裳，由于画家的精心描绘，其衣料的华美品质皆显。

佚名《高士图》

表现了宋代士大夫居家时的生活形态，上衣下裳的着装与摆放着书琴、茶炉、盆花等物的室内环境，构筑了一个闲适惬意的自我空间。画屏中的一幅肖像画赫然入目，反映了宋代肖像画的流行与人们对它的喜爱。

珍珠首饰

宋代妇女盛行用珍珠作首饰，宋画中不少仕女头上布满了星星白点，即为镶嵌珍珠的发饰。唐代妇女好在脸上点画的化妆术至此已难见踪影。

褙子

宋代妇女喜穿各式褙子，连乐伎歌女都着一色长褙的外衣。贴身裁剪的衣裙衬托出曼妙的身材，彻底改变了唐代仕女以宽肥为美的风尚。

古代没有"童装"一说,儿童衣服即成人衣服的缩小版,唯色彩更鲜亮而已,较少受到封建等级制的限制。

序 一

郑 朝

弱冠之年我负笈杭城，今已耄耋。初读柳永《望海潮》词，不禁浮想联翩，对宋时杭州心向往之。后读正史，多谓南宋为偏安小朝廷，百事萧条，亡于蒙元。近年史学家热衷于南宋史研究，加之考古实物渐丰，又谓其时工农商业发达，经济繁荣，文化昌盛，国民生产总值全球排名首位，对中华民族文化史卓有奉献。噫！一个真实的南宋，一个真实的京城临安，才是《望海潮》词中所写北宋杭州的合理而真实的延续。史学家不囿成见，据史建言，一正史观，令人感佩，其中包括傅伯星君。

傅伯星君专业于美术，毕业后任职浙江日报社直至退休，为资深美术编辑，擅长历史人物画与界画。业余博览群书，好读宋史与临安志。初见其散稿，以论述宋代画院诸家为主旨，后来寄给我一本奇书《岳飞正传》，其后又寄来若干专著。他退休后自创工作室，为各地文博场馆绘制古代历史陈列画，而寄来各书，皆产生于作画的同时。据说他白天作画，晚上著书，勤奋如此，实非易事。今又见《大宋衣冠——图说宋人服饰》书稿，果实累累，令我欣慰。

读其所著，有两个明显特点。

一、独立思考，求实存真

关于宋代画院与画家，历代均有人研究，文章典籍较丰，似多定论。但伯星的几篇有关文章却不袭成见，独立思考，论述辨证，以史实纠正数百年之讹误，观点新颖可信。其实，中国美术史论历代著述汗牛充栋，由于时代的局限，难免瑕瑜互见，其中不乏主观臆测、以讹传讹之说。今人研究美术史自应以科学的方法、可靠的资料，纠讹正谬，厘清史实，使传统绘画更好地传承下去。伯星初治美术史，敢于攻坚克难，推翻前人成说，提供新资料、新观点，是需要勇气和才识的！

后来，伯星又把这种求实存真的精神扩大到宋史其他方面，30多万字的《岳飞正传》就是他的又一力作。该书涉及政治、军事、经济、文化、地理、民族、社会诸方面，洋洋洒洒熔于一炉，条分缕析，主题突出，写出了一个历史的真实的岳飞。我们对岳飞的认识，大都从《说岳全传》等坊间小说所得。此类小说虽也有所据，但经民间流传，按照人们的喜好爱憎反复加工创造，与真实已相去甚远。正如《三国演义》和《三国志》中的曹操，迥然不同。伯星痛感戏说对真实历史传播的危害，在阅读大量宋人记载后，下定决心，宵夜伏案，耗时半年，写成了这部传记文学。

二、直观形象，别开蹊径

先哲恩格斯对现实主义文艺创作有一经典论说：除了典型环境与典型性格外，还要求细节的真实。伯星以画入史，以图说史，是实践这一经典学说的可贵尝试。人物服饰即"细节"之一，既彰显着个人的身份与性格，又反映着时代的变迁。旗袍今日几被视为国服，起初只是善于骑射的满族女袍，方正朴素。待其进入宫廷，一变；到了民国尤其"五四"后，一大变；现今则成为风情万种的时尚女服。可见服饰本是历史的一部分，更是民族文化中广被众生的一个鲜明标志，因而近年来介绍我国古代服饰的图书联翩而至，且无不印刷精美，内容全面系统。

在这样的市场背景下，伯星的新著《大宋衣冠》不仅未见多余，反觉得自有其不可代替性与独到之处。从已出的同类书可知，当今众多的古代服饰研究者无不追求资料的全面系统，著作无不从先秦写到清末民初乃至近现代，绵延三千年。伯星却另走一路，从三千年浩大序列中抽出中间三百余年

作为标本，加以放大重组，使许多在通史式服饰书中因无容身之地而消失的种种细节，得以一一现身，作多视角的展示，由此涉及礼制、朝仪、民俗、百业、娱乐、宗教、征战、地域差异乃至社会生活的种种侧面，从而极大地丰富和深化了宋代服饰文化的内容。通过图例和说明，我们看到的不只是服饰，而是整个宋代的社会生活。因而相对那些通史式服饰书而言，《大宋衣冠》无疑是一部介绍中国古代服饰文化的断代史。

这一新著还有以下可圈可点之处：

一、洋洋大观，丰富多样

在通史式的服饰书中，宋人服饰一般只占一个章节，受篇幅之限，难以深入展开，使得欲知其详者只能无果而返。伯星的《大宋衣冠》却有海量阵容，包含了帝后、官员、文人、武士、庶民、僧道、女子、小儿各式人等的冬夏之服、出行与居家之服、礼服、制服与便服、工作服、传统与新创之服，更有相关的发式、帽、鞋、带乃至带扣等细节，可见其搜罗之广、发掘之深。书中这么多的形象资料几乎都注明出处，除了采自宋人名画、存世宋代雕塑，也有采自历年出土发现的两宋与辽、金文物。伯星君真可谓是书山搜宝的有心人。若无长年的坚持与一以贯之的努力，是不可能获得如此丰厚的成果的。其中仅女子发式，就罗列了朝天髻、双丫髻、双螺髻、小盘髻、盘福髻、包髻、假髻等数十种图样，女帽则有元宝冠、团花冠、花楼子冠以及各种软帽软巾。伯星大概对盔甲特别有兴趣，临摹了两宋、辽、金的许多款式的盔甲，并对盔缨、臂褠等各个细部作了详确的临摹与展示，纠正了长期流传的似是而非的误解。

二、撷取宋画，艺术性强

伯星既是画家又是史家，熟知宋代名画与雕塑，以宋代画、塑说宋服，不仅保证了资料的可信性，也大大提高了插图的观赏性。图说之类的图书古已有之，因多属于工具书，插图往往粗糙；现今出版的介绍古代服饰的图书也多手绘插画，却大都绘画水平不高，往往造型不准，描画僵硬，难如人意。伯星以数十年画插图、画连环画的线描功力，将所需之例临摹成稿，形准笔精，以至有的插图几可作线描勾勒的范式。其图绘水平，堪称同类书中的翘楚。

三、尊重历史，深入考辨

这部《大宋衣冠》虽然主题是宋人服饰，却不割断历史，而能瞻前顾后，使人从中看出宋人服饰的来龙去脉。从纵向说，书中引例说明，宋服所承继的是隋唐之制，而隋唐直接继承了秦汉服饰。宋后元、明、清三朝，在宋人服饰的基础上加以各取所需的改造，形成了七百年"新"的服饰系列。但它们所反映的美学趣味，已不是唐代的热烈浪漫，而是宋代的质朴实用。宋人服饰在这一历史长河中，担当着承前启后的作用。从横向说，宋人服饰的每一章都被细化为更小的单元，以便有单独而充分的叙说。服装上种种大同小异的变化，无不是"郁郁乎文哉"的宋代社会生活精彩的细节。这正是吸引伯星注意并深究不已的节点。他以尊重历史、还原真本之心，以图通过宋人笔下的可视形象，尽量给人以真实无误的历史信息。尽管他坦承今人难以百分之百地还原历史真实，但"庶几近之"，能还原百分之六七十也可谓功莫大焉。数十年来，他就是本着这种精神孜孜矻矻，在寂寞中摸索前行，苦乐自尝，而不愿想当然地张冠李戴，随意拼凑、删改乃至庸俗化。

伯星从美术切入，另辟蹊径，在宋史研究中卓有贡献，相信他的学术成果，将为世所重。伯星是我早年的学生，虽师生谊重，但我岂敢随时俗吹嘘以欺人哉！

序 二

傅维安

伯星是我同学,其人博学多能,容止不饰,气闲情逸,偶或学术之执耿耿然是其所是,余则讷讷无争,泰悠悠任凭开涮。他画技精,文章好,读书多,笔头勤,尤于南宋史及杭州地方史的研究更是自成一体,别有精彩。

与一般史学入行者不同,伯星是以一个画家、一个学人的器识、兴趣与需要而契入的,首先是历史画创作的需要,因为历史真实不允戏说;再一个原因便是他对史学素有向往。唯其如此,他的艺文生涯注定了要与史学结缘。兴趣让他破读万卷不言累,需要致其拾珠史海不言苦,于是做足了求的功夫也就摄得了史的精微。

画家涉史自有优胜,本能使然,那些躺在故纸堆里的东西,在他眼里都是活物,如来如见。整个南宋朝百五十余个春秋,在伯星的臆中就像是由一幅幅拼图汇成的大画卷、一个个片段构就的连续剧。不仅立体、丰满,且包罗万象、巨细不遗。画家涉史的又一优胜就是他的表述方式,妙笔遂心,既可诉之于文字也可借力于图绘,从而以文说事,以图举物,以文谭概,以图质实。双管齐下,可教古人复活,能将故事还原。

巨细不遗成就了伯星史作的洋洋大观,双管齐下更成就了他史学专著的不更特色:图文并茂。不要小看了这个评价,不要以为此言太过平常不足以褒赞其勋,其实这一"茂"字含金千足,非文采风流、图绘雅正者不可当得。叙史作论,全用文字是一格,有文有图也是一格,图文并茂且全由著作者一手包揽者更是别具一格。自其文集《三乐篇》、长篇历史传记

《岳飞正传》始就有附图,尔后渐增渐丰,至伯星撰南宋京城临安及今次付梓之《大宋衣冠》则更是直接以图说为书名开题了。此图说不是看图说话,也不是儿童读物,更不为招徕眼球取悦读者,而是表述所需、内容使然不得不借图以说者也。伯星的文笔精炼而畅达,老成而谐雅,直抒己见不袭成说,其间纠讹证谬亦不乏得力之笔。伯星的图绘,皆出自创,且不论巨制小品还是示意性图略一并认真对待,造型生动,体式多样,足资摹习欣赏。至于其画、专著的价值与影响,但看今日之杭州在对历史文化名城保护修葺的各个环节中已然殊有采从,各类议商场合亦复多见其影踪,甚而他省他市亦时有不辞千里为之而驱驰者。

做学问是寂寞的、耗时甚而损命的,攻研历史更是乏人喝彩,然至落红翩翩,实结果成则必下自成蹊。现在的伯星终于从"确乎真的很忙"之中"倦飞而知还"了。

癸巳余月于杭州井观居

目 录

序一 ·· 郑　朝 / 1

序二 ·· 傅维安 / 1

前言 / 1

一、释名 / 1
　　身衣 / 2
　　头衣 / 5
　　足衣（鞋类）/ 29

二、帝后之服 / 33
　　衮冕 / 34
　　袞冕 / 35
　　通天冠服 / 36
　　履袍——皇帝的便礼服 / 38
　　皇帝常服 / 40
　　后妃服饰 / 44
　　内侍·宫女 / 50
　　北宋壁画中的内侍 / 54
　　宫女 / 56

　　宫女 / 58

三、官员服饰 / 63
　　朝服 / 64
　　宁波东钱湖南宋石雕文臣冠服 / 66
　　常服 / 68
　　品级的标志·革带 / 70
　　学士 / 71
　　法官 / 73
　　吏 / 74

四、文人服饰 / 75
　　魏晋遗风 / 76
　　流行时装 / 80
　　上衣(襦)下裳 / 82
　　文人出行服 / 90

五、庶民服装 /95

小贩 /96

货郎 /102

窑工 /110

马倌 /114

脚夫 /116

衙卒 /118

农民 /120

六、女子服饰 /125

女子发式 /126

女帽 /133

上衣下裙·披帛 /136

侍女·女佣 /142

男装侍女 /146

长褙子 /147

短褙子 /149

七、儿童服饰 /165

童装 /166

书僮 /177

牧童 /179

八、僧道之服 /181

僧人服装 /182

佛教造像 /186

行脚僧 /188

僧帽 /189

道士 /190

道姑 /191

道冠 /192

道袍 /193

九、乐舞服装 /195

宫廷乐队 /196

民间舞乐 /210

杂剧 /216

十、戎装 /225

盔甲的部件 /229

头盔（兜鍪）/230

宁波东钱湖南宋墓道石雕将军盔式 /232

护肩·护胸 /234

臂甲与护肩兽头 /236

护腰 /238

铠甲的侧背 /243

臂褠 /245

吊腿 /247

短身甲 /251

士兵与甲具 /257

禁卫 /261

卫从 / 268

亲兵 / 269

神兵鬼卒 / 271

辽、金戎装 / 273

附：宋人器物 / 277

马和马具 / 278

车、轿 / 280

牛车 / 282

辘车、独轮车 / 283

船 / 285

客船 / 288

纲船 / 289

灯具 / 291

瓷枕 / 296

瓷制器皿 / 298

化妆粉盒 / 300

炉 / 302

服饰纹样 / 304

后 记 / 323

前　言

　　古代没有照相术，要查看百千年前某一时期真实的生活形态只能靠那一时期的绘画、雕塑以及留在某些日用品上的图像，且这些图像必须是忠实描绘物象的写实画风才能看到真实的历史投影。好在宋代绘画是写实画风占主流和主导地位的，存世画（塑）不仅量多而且内容丰富，足以从中搜索到宋人服饰最真实可信的第一手资料。有了可视的形象资料，再对照《宋史·舆服志》等书的相关记述，才能对宋人服饰有完整而明晰的了解。我从20世纪80年代开始搜集宋人服饰的形象资料，而今已年逾古稀。

　　我最初的动机是为宋代题材的绘画创作能尽量还原历史真实，于是以宋人服饰为中心，顺带将前朝后世的服饰作一浏览。不过我的研究想必与史学家、服装专家对它的研究是不一样的。史学家关注的应是"礼"，即封建等级制在服饰上的体现与变化，服装专家关注的应是古代服装的材质、款式、纹样与裁缝绣染等工艺。画家对这些问题当然也应略知一二，但无深究的兴趣。以我的体会，画家关注的主要是宋代各式人等服饰的外在的同异性及其变化，以及宋人服饰与前朝后世的区别。

　　其"同"，表现为文化传统的自然延展；其"异"，表现为时代与地域所赋予的不可抗拒的变数。由此可见，"服饰"一词正包含着两层含义："服"是具有遮蔽身体、御寒保暖基本功能的衣、冠、鞋、带，是人的基本生活需求；"饰"则是外加在衣服上的用于区别尊卑、贵贱的平面或立体的装饰物，是随着时代、地域、地位、职业、财富等外在因素而变化无常的，由此形成了无数值得画家用心观察并加以准确表现的细节。这种细节的恰到好处、恰如其分的描绘，不仅是画家创作时独享的自得其乐，也是作品能否成功并获得观众认可、喜爱的关键之一。

在历时数十年对古人服饰资料的反复拨弄中，笔者渐有明白的认识。简而言之，宋人服饰好似一道分水岭，其前自秦汉一路走来，宽袍大袖，峨冠博带，也不乏拖泥带水，在不断吸纳外来影响、自我修正的过程中进入隋唐，形成开放、张扬、秾艳、浪漫的服饰新风。其时在满足了"服"的功能后，"饰"似成了主要追求，成分似乎超过了"服"。然一切事物皆物极必反。自宋以降，"服"与"饰"的关系回归本源，宽袍大袖、繁文缛节仅存在礼服之中，此外一切返璞归真。合身实用，便于执事，成为满足"服"基本功能后的首选，故总体风格一变为内敛、含蓄、简约、朴实，一切多余的"饰"包括化妆术，被渐次淘汰，从而奠定了宋后七百余年中国服饰的基调，而宋人在服饰领域中的改良和创造，则成为新的传统。元、明、清三代虽各有变化，仍在宋人设定的总体格局内，再无回到盛唐的迹象。宋的"直身"直接演化为我们记忆犹新的长衫，自宋流行的男女长裤外穿，以至上衣下裤终于取代了上衣下裳，成为我们今天主要的服装样式。宋人服饰在我国历史上的作用如此巨大而影响深远，这是我以前所未曾想到的。

我相信每一个"年长"的朝代的服饰文化都应该拥有自己异彩纷呈的断代史，由此汇成我国古代服饰史的洋洋大观，是多么令人神往！如果我的这一尝试能为朋友们提供些许有益的参考，那将是我莫大的快慰！

一、释 名

宋代（960—1297）服饰直接继承了隋、唐两代汉民族王朝的传统，有的甚至始终保持不变或甚少改变，如皇帝的大裘冕服、衮冕服。官员的礼服、常服则在前朝同类服饰的基础上加以变化，以适应其时的情况。此外，宋代服饰文化中也有创新与发明，并为后世所沿用，成为传统中新的因素。但千年前的服饰离我们已非常遥远，以至有关服饰的专用名词也变得极为陌生，难以知晓。为解决这一难题，故在正文前先设此节，予以逐一解释。

身衣

袍　襦

上衣、下裳

一、衣：通称上身之服。
二、衫：有袖单上衣。
三、袄：有袖夹层内上衣。
四、襦：有袖夹层外上衣，长至膝上。
五、袍：长至足的襦。

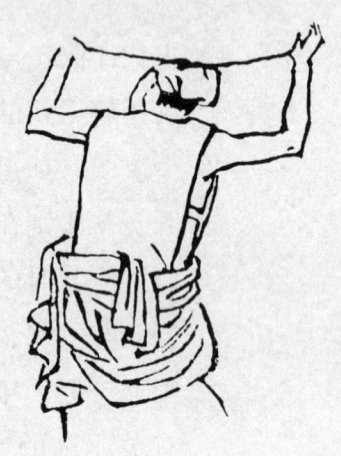

六、两裆："一以当胸，一以当背。"即无袖单背心，俗称背搭，如上图。

七、半臂：短袖衫，其衣长短均有，男女通服。
八、褐：粗料斜襟上衣，有长、短二式。

一、释　名

九、直掇：又叫直身。背之中缝直通到底的长衣，圆领窄袖，腋下左右开衩。其式实与清代的圆领长衫大体相同。

十、襕衫：衫之下摆加接一幅横襕，长至足上，实为上衣下裳之合成。襕衫为官员常服中之外衣。上图为马和之《孝经图》中两个着襕衫的官员。

十一、道衣：非指道士所穿之服，而指斜领交裾，四周以黑色沿边的茶褐色外袍，是文人之最爱。

3

大宋衣冠

右为元画中人，故内衣左衽

亦有背后开衩

河南方城县崧墓石佣

十二、褙子：对襟，左右开衩，有长有短，又有长袖、短袖、宽袖、窄袖、半袖、无袖之式，为文人常用之外衣。男女通服，沿至明清，类似今之风衣。

十三、貂袖：袖短至腋之夹衫或翻毛衫，以便坐骑，非常人之所服。

十四、裳：即裙。但早期的裳仅前后两片，并不缝合，后合二为一，始称为裙。上衣下裳，汉之遗制。上图两例之褙子内，即着上衣下裳。

头衣

幞头·唐代幞头的演变　幞头，即"以帕覆首"，将发髻包裹起来，以防尘沙。古人以露髻为非礼，凡出外必裹巾戴帽。

631年李寿墓壁画

639年段哲元墓俑

642年独孤开远墓俑

664年郑仁泰墓俑

668年李爽墓俑

706年章怀太子墓壁画

大宋衣冠

706年懿德太子墓画　　　　　　　永泰公主墓俑

723年鲜于庭诲墓俑　　　　　　　744年史思礼墓俑

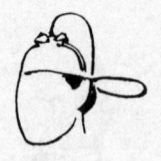

745年苏思墓画　　　　　　　　　845年张渐墓俑
　　　　　　　　　　　　　　　　940-963年敦煌晚唐壁画

幞头至晚唐渐趋定型，入宋天下通服。上自帝王将相，下至平民，凡男子皆戴。为适应封建礼制的需要，将质材加以改变，使成软硬两种，又将脑后二脚加以改变，以适合不同身份，已具等级之别，不再是任何人可以自由选择的样式了。

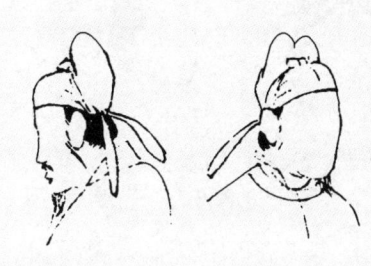

北宋赵佶《听琴图》中听皇帝赵佶弹琴的两个大臣

《迎驾望贤图》中之平民所戴幞头形制，颇似明代官员之乌纱样式

南宋李嵩《货郎图》中之货郎，幞头上插满玩具

南宋刘松年《中兴四将图》中之大将刘光世。其幞头之形制略异

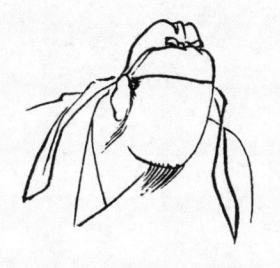

南宋《消夏图》中之亲王

大宋衣冠

左：李唐《采薇图》中的隐士
右：开元寺壁画中的囚犯

南宋《九老图》中干杂事的仆人均戴幞头

北宋砖雕中的两个戴花脚幞头的演员

《迎驾望贤图》局部

《迎驾望贤图》中的太上皇与皇帝戴朝天幞头,是为方便乘车上下的专用头衣。随从中擎伞扇者戴交脚幞头者应为环卫官'有须',捧物内侍则戴垂脚幞头。

硬幞头·宋代官帽

用竹丝、铁丝扎成固定形状,外蒙乌纱上漆,漆干后去其定型物。沈括《梦溪笔谈》内称:"幞头一谓四脚,乃四带也。二带系脑后垂之,二带反系头上,令曲折附顶,故亦谓之'折上巾'。"《宋史·舆服志》称,天子常服戴折上巾,凡常朝、大宴、便坐皆戴。后之二脚,宋代加长,以防止官员上朝立班时交头接耳。因二脚有不同交结法,乃有平脚、交脚、曲脚、直脚幞头之别。"脚"施花或过度美化,系伶人(演员)所戴之演出装,故除演出外,在幞头脚上施饰物,是违背历史的。

大宋衣冠

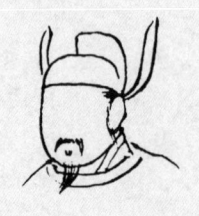

宋初皇帝之幞头

南宋《孝经图》中皇帝之幞头，后两脚竖起，称朝天幞头

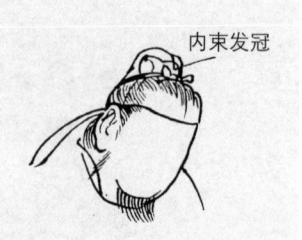

元代任仁发所画唐玄宗。幞头用材极薄，可见束髻之冠　内束发冠

巩县北宋皇陵内侍石像，太原晋祠内侍、宫女塑像之硬幞头

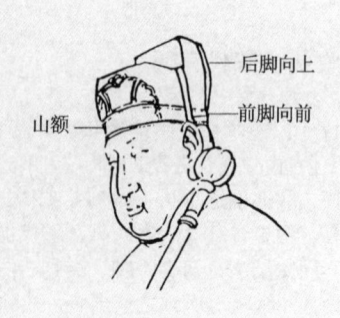

山额　后脚向上　前脚向前

红

米黄

戴直脚幞头的宫中内侍　　带剑催租的衙吏

山西开元寺北宋佛教壁画

展翅

立于王子身旁内侍之幞头上有展翅幞头，另有持扇立于帝旁数人，亦戴此。但在实际生活中，展翅仅见于将军之盔上，传为唐太宗所创，寓兵贵神速之意。由此反观画中之式，当系画工为增饰而作，并非据实描绘。

大宋衣冠

《梦粱录》载，郊礼从行，"殿前班直（禁军）顶两脚屈曲幞头"，即此。

《中兴四将图》中岳飞的卫士戴交脚幞头

萧照《中兴瑞应图》中康王的随从戴脚幞头

青
红带
皂靴

从宋代画塑中可以发现，戴硬幞头的人群，一是皇帝以下各级官员，二是吃皇粮的技术人员与艺人，三是内侍、宫女、警卫，甚至衙役，因此不妨把它看作是宋代的"大盖帽"。

一、释名

帽 真正称为帽者，是指圆桶形的盖头织物。正如李时珍言："古以尺布裹头为巾，后以纱罗布葛缝合，方者曰巾，圆者曰帽，加以漆制曰冠。"浑裹：以青布裹头成囊状。起来源于蒙古之浑脱（羊毛毡帽），乃"相沿呼其帽为浑裹"。宋宫廷规定"诸杂剧色（演员）皆浑裹"。

① ②

图① 状如笔筒故名笔帽
图② 元画中之笔帽戴者为仆人

③ ④

图③ 开元寺壁画中之屠夫
图④ 《眼药酸图》中一艺人之戏装

大宋衣冠

簪花
内抹领
宽袖窄衫
至腰开叉
青花巾
紧裤及袜
靴

北宋砖刻（女）杂剧艺人丁都赛，其时街坊妇人亦有服此者。

南宋《消夏图》中一持杆挂画的仆人。南宋杭州有专为雇主帮厨、设宴、待客、上茶（菜）、供香及悬挂书画的一条龙"劳动服务公司"，时称"四司六局"。以上形象，即可见其服饰。

萧照《中兴瑞应图》画康王使金路过磁州,军民殴击副使王云致死一事。①②二人着圆领袍,当为随驾或当地守军之着便服者。其巾式与下之岳飞像巾式同,当为军中便帽。

刘松年《中兴四将图》中之岳飞,其巾制颇异,不知何名,然《中兴瑞应图》也有裹此巾者,如上图。

大宋衣冠

帻 原为包头巾，传自汉王莽改制成定型之帽，宋时颇为流行，上自将领下至杂役皆有戴此者。

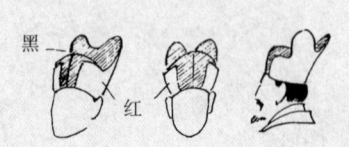

黑
红

此三人之帻见于南宋陈居中《文姬归汉图》中汉使之随从，帻外为红色，故名"赤帻"。

见南宋萧照《中兴瑞应图》，此人头戴立帻与其上之人同。此人为第六幅中之康王亲兵。其旁有三人戴交脚幞头，作挑担、捧物状，均将袍之下摆塞于腰间，据此可知身份必高于三人。另《回銮图》中之执锤卫从的穿戴均与此人相同。

《清明上河图》结尾部分有一组人物中两人戴此帻。

此二人立于十字路口，身份显然与上二人不同，但也戴此帻。

大宋衣冠

金
银
红
黄

蓝灰

蓝灰

《迎驾望贤图》中扶持两个皇帝的四个人均着此装，因脸有须，故非宦者。前排又有戴此帽者数人，袍灰青，身份低于前。

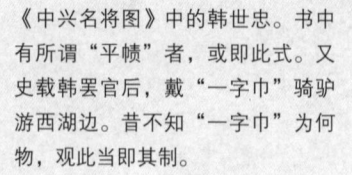

全黑无透明感

青

《中兴名将图》中的韩世忠。书中有所谓"平帻"者，或即此式。又史载韩罢官后，戴"一字巾"骑驴游西湖边。昔不知"一字巾"为何物，观此当即其制。

18

一、释名

巾 外形"方者巾"。经变形，宋有东坡巾、方巾、仙桃巾、错摺巾等。这些式样，至明犹然。其中，高桶东坡巾尤受著名文人喜爱，几乎成为他们的标志。

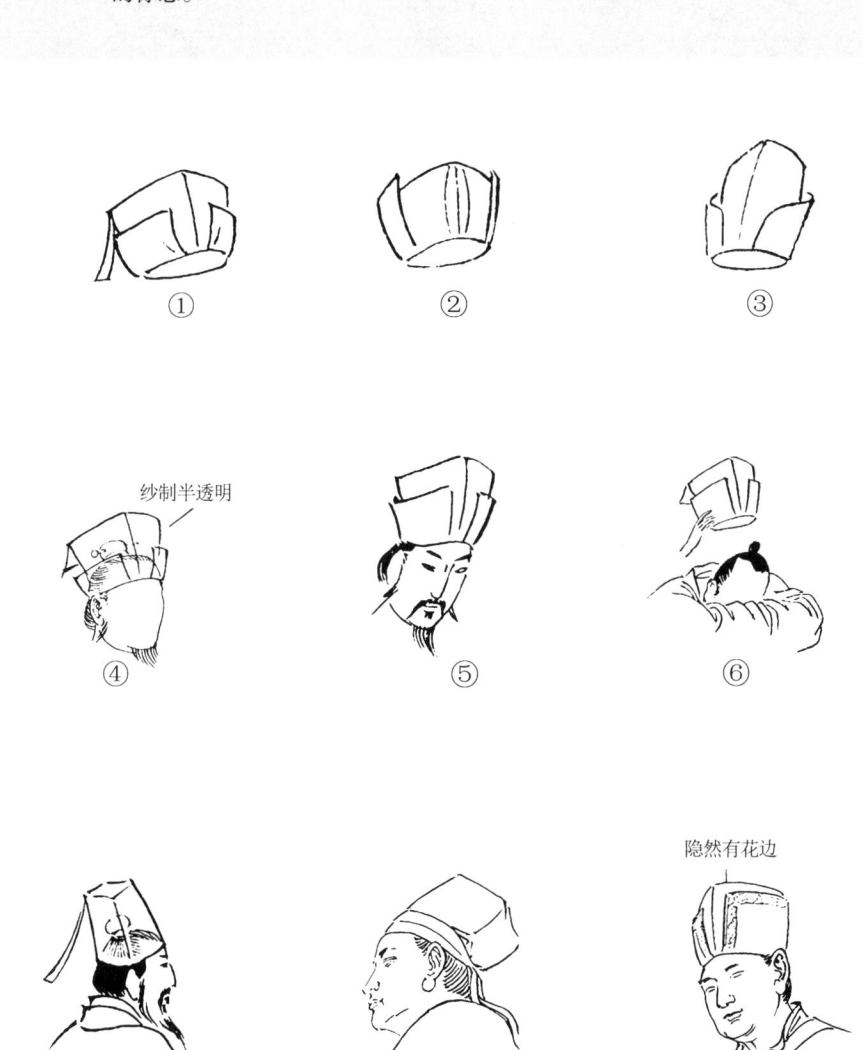

① ② ③

纱制半透明

④ ⑤ ⑥

隐然有花边

⑦ ⑧ ⑨

大宋衣冠

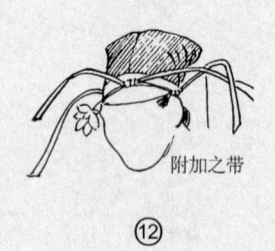

⑩　　　⑪　　　⑫ 附加之带

⑬　　　⑭

图④　马远画中之一文人。
图⑥　南宋《村童闹学图》中一顶被顽童取下的东坡巾，帽后并无长垂带。
图⑦　马远《山径行春图》中文人之巾高且透明。
图⑧　四川大足石窟中一戴方巾青年，巾后垂两带。
图⑨　四川大足石窟中一戴东坡巾者。
图⑩　明代人画宋人之方巾。
图⑪　山西元代壁画中店员之方巾。
图⑫　南宋苏汉臣《货郎图》中货郎之方巾。
图⑬⑭　北宋《清明上河图》中戴方巾者。

20

仙桃巾

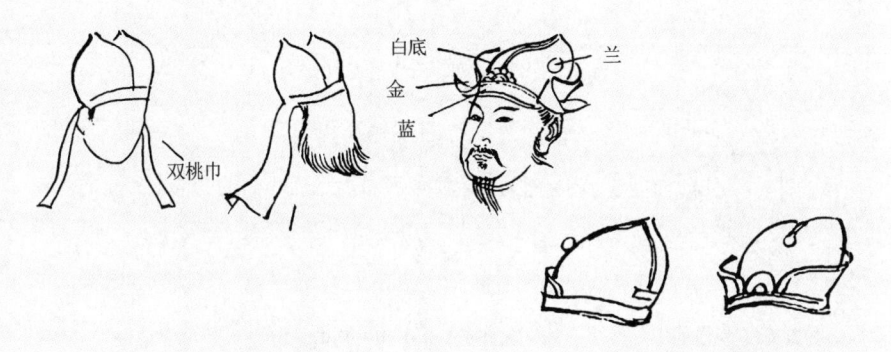

白底金蓝兰

双桃巾

开元寺壁画中王公之仙桃巾

纶巾

纶：极薄之帛，皆隐逸高士所好，有魏晋遗风。

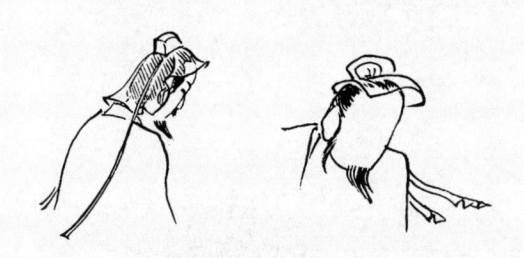

马远《西园雅集图》

马麟《静听松风图》　　此人之巾实为浑裹之一式

几种较少见的帽子

张激《白莲社图》

李公麟《五马图》中一马倌之帽

山西壁画中一卖饮食人之巾颇奇

一肉店操刀人之巾

错摺巾

南宋《消夏图》中二贵族

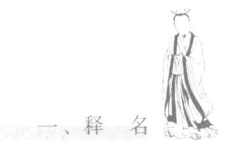

束发冠

《听琴图》中之宋徽宗赵佶,即戴小冠,内上衣下裳,外长褙子,穿着与居家文人无异。

结束头顶发髻、有固定外形的也称冠,或称小冠。

从出土实物看,束发小冠仅大如拳,用金银玉玛瑙翡翠等制成,为贵族男子居家时戴,外出再加巾帽,或为未成年人所戴。开元寺壁画中一少年王子即戴此。

《朝元仙杖图》等画中的神将、神卒所戴之束发冠，造型各异而莫不精研华丽。从宋画与宋人笔记看，这些束发冠似是扈从皇帝出行时的部分卫士所戴。

笠 子

三笠仅见苏汉臣《货郎图》中之玩具，必有所据

戴笠子的王安石像

《清明上河图》中的戴笠小贩

《清明上河图》中之游归士大夫

笼 巾

马和之《孝经图》中担任皇帝座车左右的仪仗人员，或撑旗或执械，均戴笼巾。

佚名《回銮图》中的数十名仪仗人员与抬銮轿的16名轿夫，均戴方笼巾。

马和之《鹿鸣图》中殿前乐工戴笼巾。

击磬的乐工

《孝经图》中明堂大礼时所有的乐工均戴方笼巾。

风 帽　冬天挡风避寒的头衣，南方的冬天阴冷难熬，尤需防寒保暖，故南宋画中颇多风帽的造型。

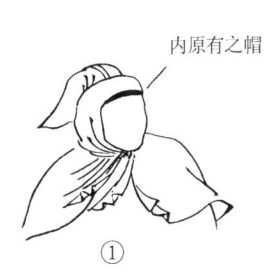

① 内原有之帽

②

③ 戴风帽之汉官

④ 苏汉臣《货郎图》中有小儿戴此帽

佚名《松溪钓艇图》

金国张瑀《文姬归汉图》中之蔡文姬，着胡装，戴翻毛匈奴帽。南宋词人吴文英写杭州舞女云："茸茸狸帽遮梅额"，可见即戴此帽者。

大宋衣冠

刘松年《冬景山水》

李唐《雪江图》

一个完整的风帽形象。

道衣

梁楷《冬景山水》

一、释名

足衣（鞋类）

鞋——浅帮薄底，同鞡
履——浅帮厚底
舄——浅帮木底，可立泥地

李公麟《维摩天公图》

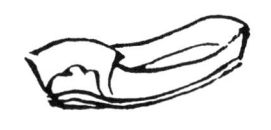

《槐荫消夏图》中士大夫的鞋

马远《孔丘像》中孔子之鞋

武宗元《朝元仙杖图》中"南极大帝"所穿之鞋

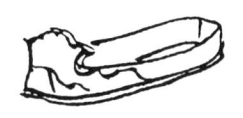

元代刘贯道《消夏图》

赵佶《听琴图》中赵佶之鞋

元代王振鹏《伯牙斫琴图》中一文人之鞋

佚名《望贤迎驾图》中皇帝所穿，似为履与舄

大宋衣冠

南宋《斫琴图》中文人之靴

元初赵孟頫《斗茶图》中之蒲鞋

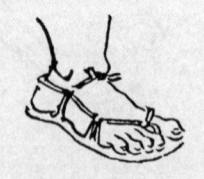

《斗茶图》中之草鞋与今同

苏汉臣《杂剧儿童图》中的鞋

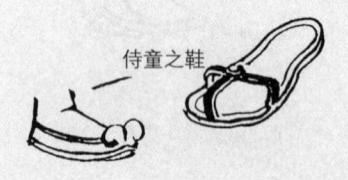

侍童之鞋
《维摩》教演图之拖鞋（凉鞋）

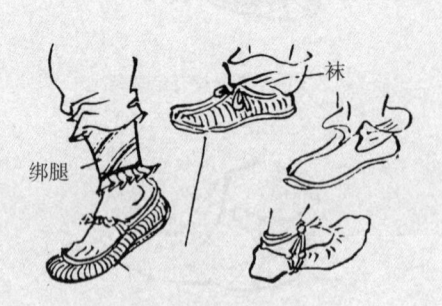

绑腿　袜
李嵩《货郎图》中货郎之鞋

马远《探梅图》中之木屐，即装有齿之雨鞋

两宋乌皮靴最为通行，自帝至民间皆用

一、释名

靴——革制低帮薄底,同鞾　　鞾——革制高帮薄底

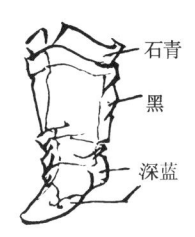

《中兴名将图》中卫士之靴（石青／黑／深蓝）

元《搜山图》中一武士之靴

金《文姬归汉图》之尖头靴

女鞋

《搜山图》中之鞋

《却坐图》中卫士之鞋（红）

大宋衣冠

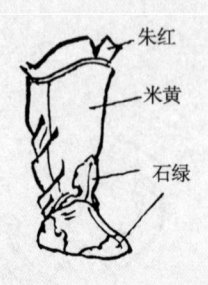

《中兴名将图》中刘光世之黑靴，韩世忠、岳飞之靴为米黄色。三人之靴形如上式，唯张俊靴不同，如下：

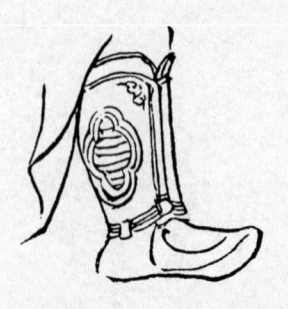

四川大足石窟一武士之靴

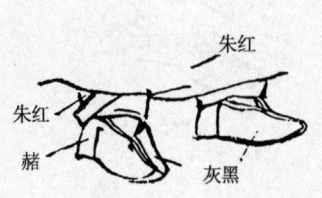

刘松年《货郎图》中货郎之靴

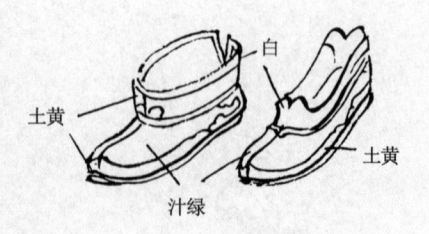

刘松年《补纳图》中的两式僧鞋

二、帝后之服

天子之服，共七种：

一、大裘冕。祭天、地、上帝、祖宗时服，其衣领须黑羔皮，因南宋无纯黑羊，以衮冕代。

二、衮冕（图见后）。又称祭服，其实是大礼服。

三、通天冠、绛纱袍。冠如图左状，其服亦上衣下裳。佩大绶着黑舄，为次一等礼服。

四、衫袍（皇帝常服）。

五、履袍，折上巾。余同上，唯着履，为便礼服。

六、窄袍。"便坐视事服"，窄袖长袍，硬帽改软巾（垂脚幞头），晚听讲时，外加褙子，故为便服。

七、戎装。阅兵礼服。

大宋衣冠

皇帝专用大礼服。这种冠服周代已备,以后皆沿用之。

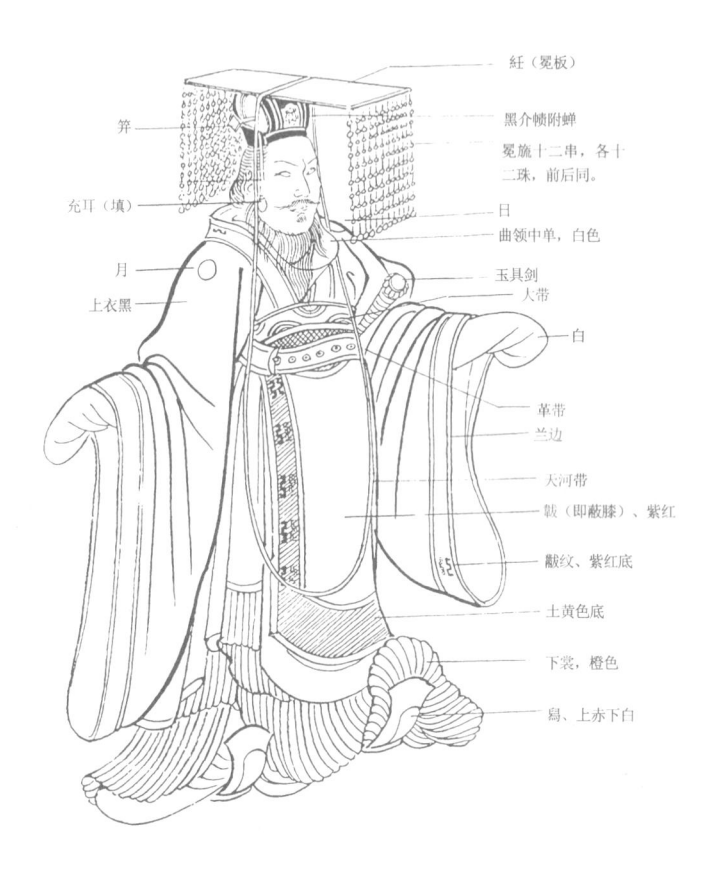

图中标注:
- 紞(冕板)
- 黑介帻附蝉
- 冕旒十二串,各十二珠,前后同。
- 笋
- 充耳(瑱)
- 日
- 曲领中单,白色
- 月
- 玉其剑
- 上衣黑
- 大带
- 白
- 革带
- 兰边
- 天河带
- 韍(即蔽膝)、紫红
- 黻纹、紫红底
- 土黄色底
- 下裳,橙色
- 舄、上赤下白

唐·阎立本《历代帝王图》

裘 冕

此服所用场合:郊祭(三年一次),明堂大祀(除郊祭外的二年各一次),正月元旦大朝会(每年一次),另外如上尊号,册封皇后、太子,都是一生中的偶然几次。所以历代虽有此服,而见于绘画者甚少。宋代不同于前代的是,为了不让内衣领从外袍衣领中溜出来而有失斯文,外加曲领方心,使之贴服。

二、帝后之服

衮 冕

凡大祭礼、大朝会时，皇帝必执圭，圭即"天子之笏"。圭玉制，高二尺二寸。衣上绘八章：日、月、星辰、山、龙、华虫、火、宗彝。但按画中九旒之冕，此为皇太子及一品官之礼帽。

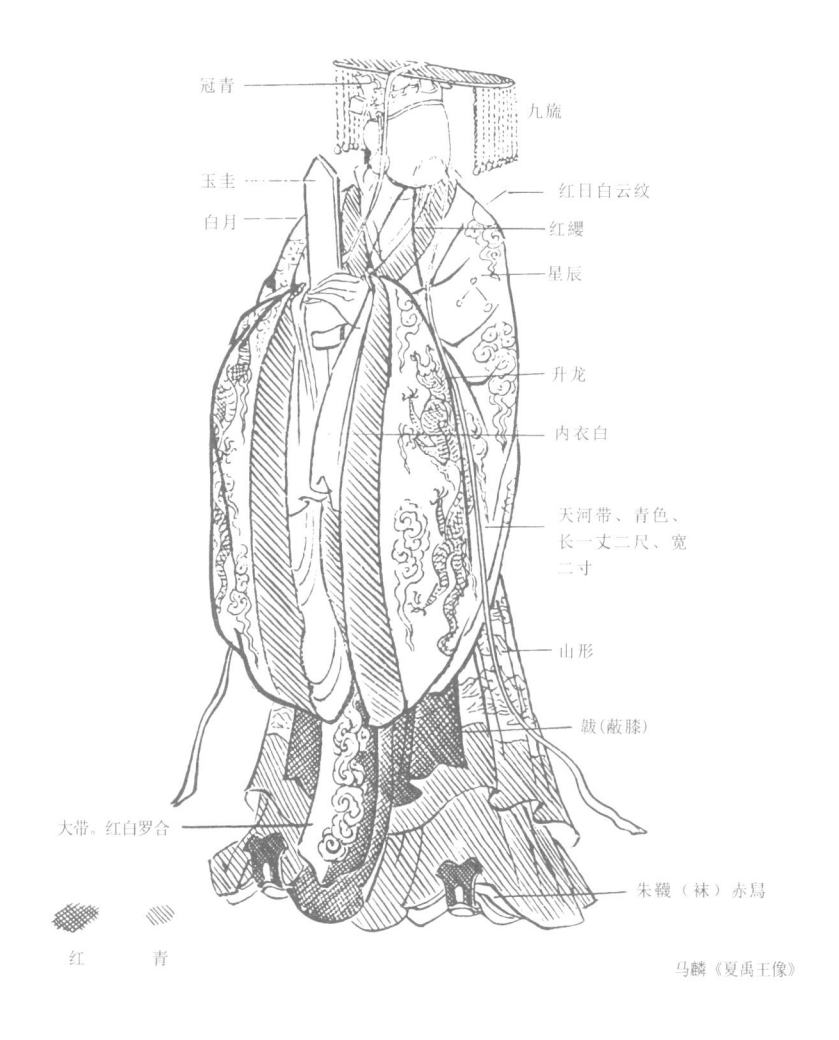

冠青
九旒
玉圭
红日白云纹
白月
红缨
星辰
升龙
内衣白
天河带、青色、长一丈二尺、宽二寸
山形
韍(蔽膝)
大带。红白罗合
朱舄(林)赤舄

红　青

马麟《夏禹王像》

通天冠服

通天冠服是皇帝专用的次礼服或简礼服，如祭祖用家人礼时、藉田礼、接见外国使臣等场合服之。

远游冠、服是太子的大礼服。远游冠外形与通天冠一样，不同的是，通天冠为二十四梁，远游冠减为十八梁；服装都是上衣下裳（即裙），外加方心曲领、蔽膝、绶等，足穿罗袜黑舄。

这种冠服比起衮冕服来简便多了，在绘画中的反映也多于前，然而仍逊于常服。

二、帝后之服

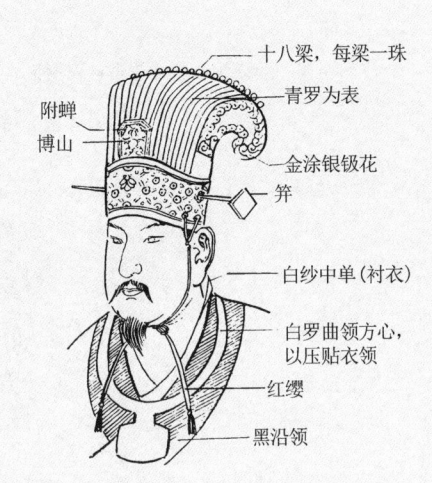

十八梁，每梁一珠
青罗为表
附蝉
博山
金涂银钑花
笄
白纱中单（衬衣）
白罗曲领方心，以压贴衣领
红缨
黑沿领

宋神宗当太子时的画像，远游冠与通天冠外形相同，仅为十八梁。

皇帝背后的形象极少，以致搞不清其衣服的总的概念。此例见山西稷益庙明代壁画，画皇帝祭天。从这一不全的背影来看，背上一蝴蝶结实为胸前方心曲领之结束部分，臀上一结为小绶，腰间织物色与衣异，或为护腰。

37

履袍——皇帝的便礼服

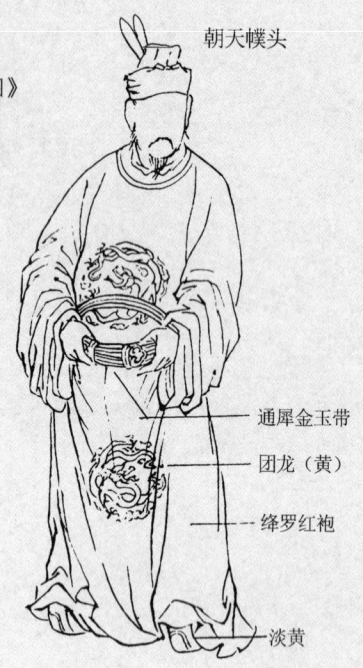

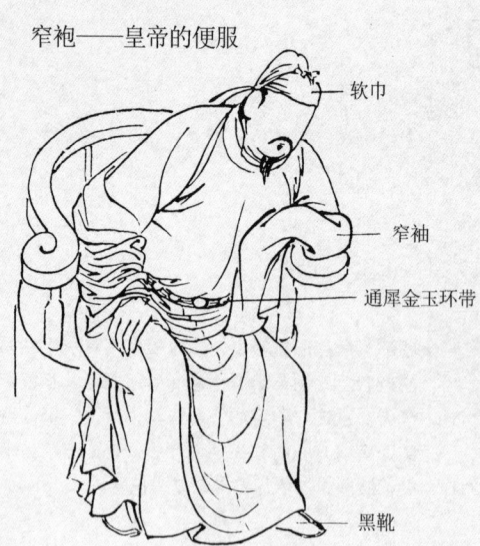

南宋·佚名《望贤迎驾图》

朝天幞头

通犀金玉带
团龙（黄）
绛罗红袍
淡黄

窄袍——皇帝的便服

软巾
窄袖
通犀金玉环带
黑靴

元·任仁发《张果老见明皇图》

二、帝后之服

佩 绶

皇帝的大礼服上必佩绶。唐吴道子《天王送子图》中绶的形象较完整。据载"天子佩白玉玄组绶"。绶有承受之意，即承天命而为帝，也是一种皇权的象征物。

皇帝常服

此两图是南宋人画的历史故事画。这两个汉代皇帝的冠服,也必然带有现实的影子。可理解为宋代皇帝的宫内便装。

南宋·佚名《却坐图》中的汉文帝

宋英宗坐像。此图与下页的坐具,即御榻,皆为红色。

二、帝后之服

图中为在后宫小殿准备召见大臣的皇帝。皇帝服窄衫（红底淡黄色团龙），戴朝天幞头，穿白靴。两宫女着男装，皆蓝灰长衫左右开衩，内襦淡绿，着裤，靴白。

南宋·佚名《折槛图》中的汉武帝

41

北宋壁画中王的形象

《舆服志》中皇帝在宫内所戴之帽无详述,是否即开元寺壁画中之三例,可存之以备后考。如从《舆服志》记载看,三位王者的冠服均有不符处,也许已由画工加以简化,只是大体上像个王的样子。

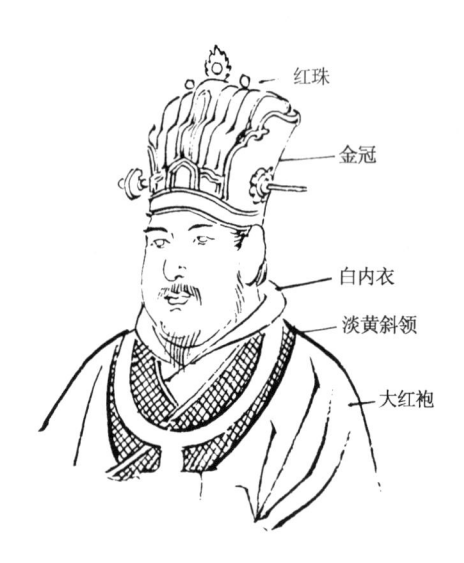

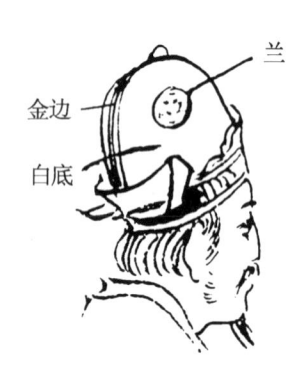

红珠
金冠
白内衣
淡黄斜领
大红袍

兰
金边
白底

二、帝后之服

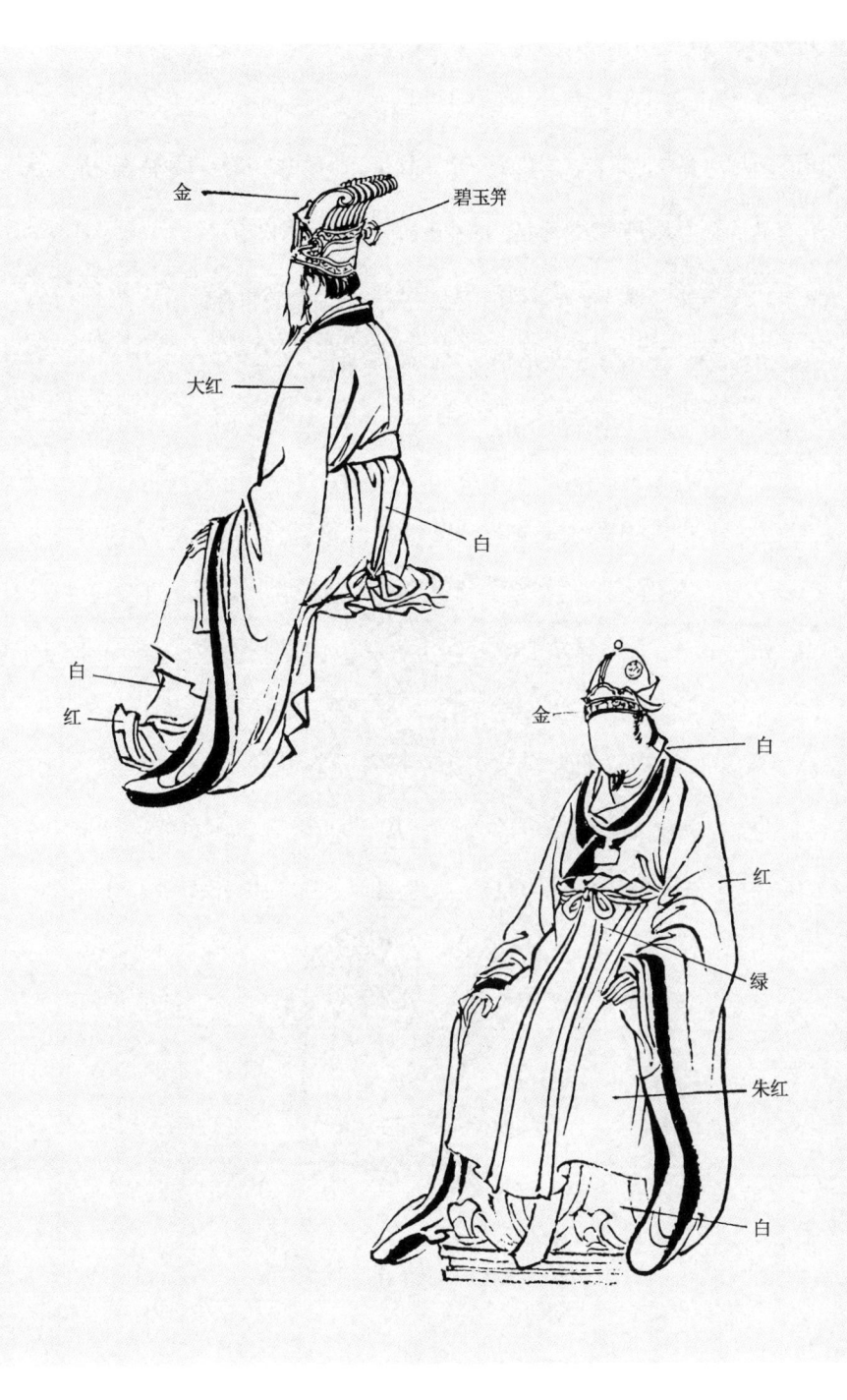

金　　碧玉笄

大红

白

白
红

金　　　　白

红

绿

朱红

白

43

后妃服饰

明代皇后凤冠有存世实物,宋代皇后之冠只存于画像中,描绘极为精确,惜无法作面面观。

宋代皇后、妃(太子正妻也称妃)的礼服初分四等,依次为袆衣、朱衣、礼衣、鞠衣;南宋孝宗改为三等,皇后袆衣、礼衣,妃备翟。皇后戴龙凤花钗冠,上缀大小花二十四株,与皇帝天平冠的旒数、通天冠的梁数相对应。太子妃带花钗冠,缀小大花十八株,与太子冠的梁数对应。皇后冠见于宋画中,备极详确。

明清皇后戴凤冠,有凤无龙,有实物存世,与宋皇后之冠大不相同。

用无数珍珠编成游龙九条

龙三爪

宋英宗之高皇后

二、帝后之服

宋仁宗之养母刘太后。面有纱幕，珠冠上仅所见之面上就有小人物二十四个，似为求佛，冠上卷云、游龙、花草等均用大小珍珠编串而成，眉已化妆。

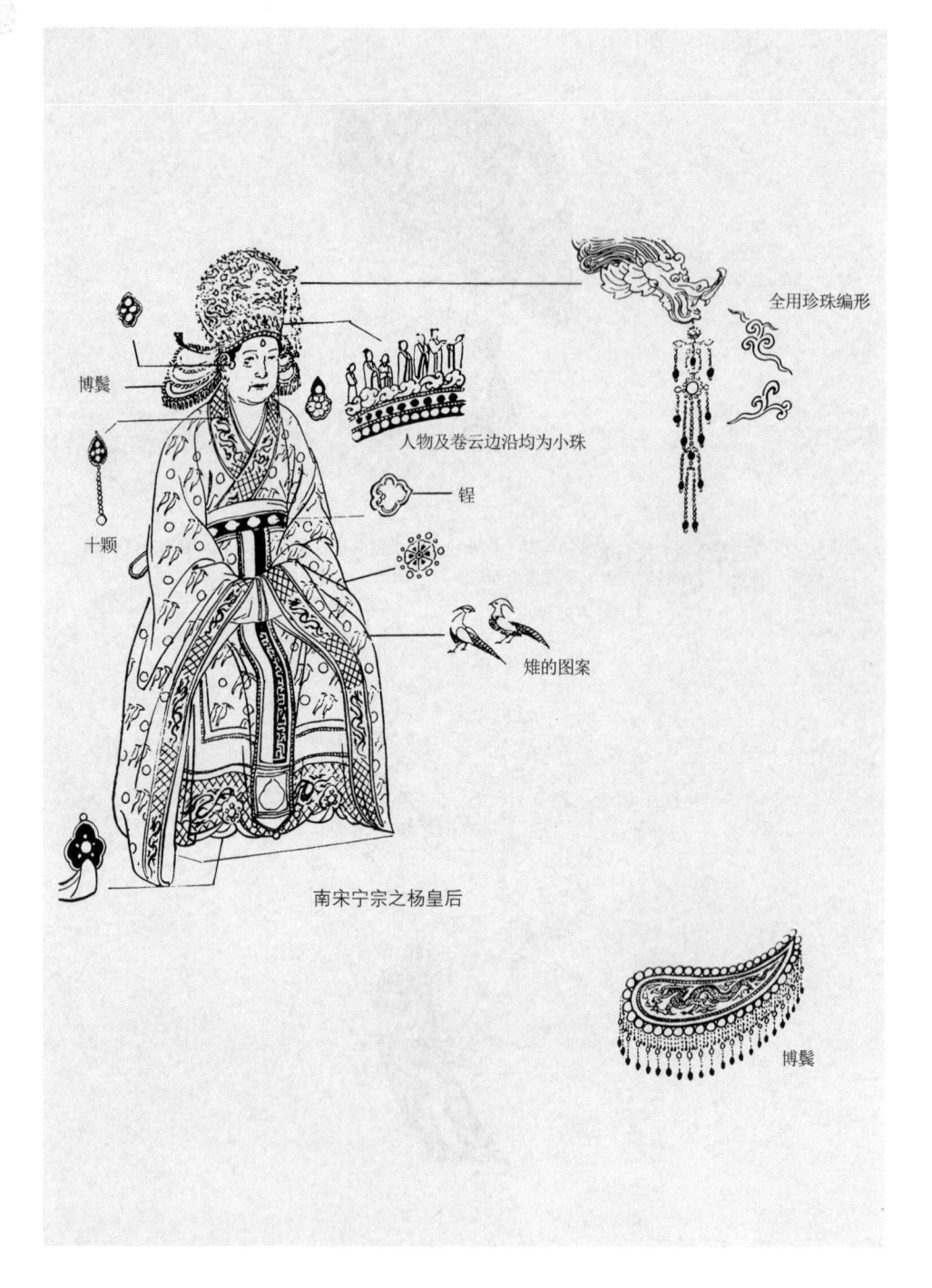

大宋衣冠

博鬓

十颗

人物及卷云边沿均为小珠

铤

雉的图案

南宋宁宗之杨皇后

全用珍珠编形

博鬓

46

二、帝后之服

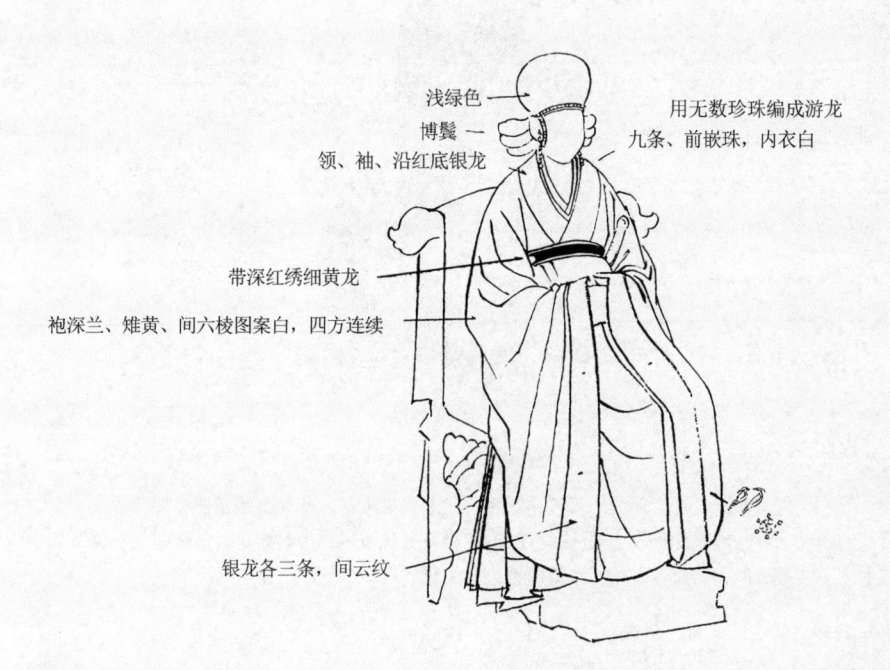

浅绿色
博鬓
领、袖、沿红底银龙

用无数珍珠编成游龙九条、前嵌珠,内衣白

带深红绣细黄龙

袍深兰、雉黄、间六棱图案白,四方连续

银龙各三条,间云纹

太后

花形珠钗　　龙凤冠
珍珠项链　　霞帔
　　　　　　大带(双绶)
　　　　　　玉坠子
外罩长纱裙

赵匡胤之母杜太后像。据《中国古代服装史》考证，此为太后常服，属鞠衣之一种。细观此画，内衣(抹胸)亦低，犹存唐五代遗风。霞帔以小珠串滚边，正面各三凤，杂以卷云纹。纱裙内裙边有大花。

孟太后，原宋哲宗皇后，被废出宫，因免北俘，与侄子赵构同建南宋王朝，是宋代一个传奇人物。

嫔 妃

南宋《却坐图》中画于皇帝左右的两个妃子,当是其时之装。

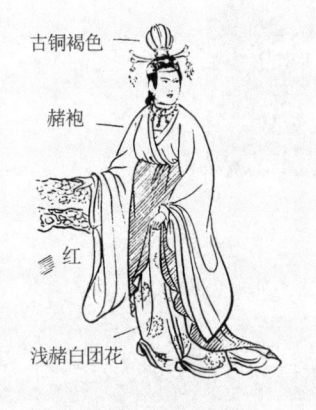

古铜褐色
赭袍
红
浅赭白团花

据《宋人画图》介绍,此为宋宫中崇道的后妃之闲装——"峨冠道服"。南宋韦太后、杨太后均曾作道装于宫中。此服亦上衣下裙,且甚为清晰。

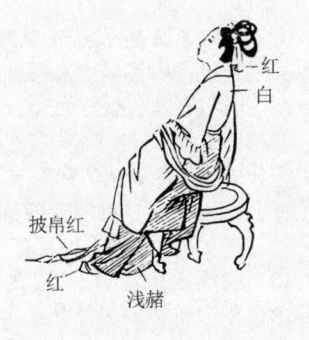

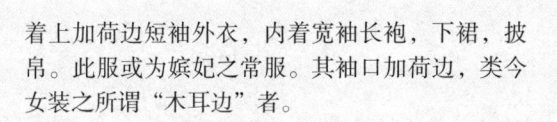

佚名《抚松赏月图》

红
白
披帛红
红
浅赭

着上加荷边短袖外衣,内着宽袖长袍,下裙,披帛。此服或为嫔妃之常服。其袖口加荷边,类今女装之所谓"木耳边"者。

佚名《玩月图》

49

大宋衣冠

内侍·宫女

内侍（明代叫太监）与宫女，是皇城里的"基本群众"，总数约数千人，为帝后服务，从政事到生活起居，无不由其任事。

一般地说，内侍多数人服务于外朝，如上朝、巡幸、庆典、祭祀等；宫女服务于后宫。只有六名被称为夫人的女官，每天随皇帝上朝并立于侧，负责记录皇帝的言论，事后交付史馆。

宋代内侍均戴幞头，穿圆领长袍，束带，着靴。其幞头与君臣不同处在于后两脚或无或垂。从晋祠彩塑内侍看，其长袍的沿边色彩丰富，而君臣的长袍只是一色。宫女除女装外，也有着男装的女官。

南宋内侍分属两大机关管辖，即入内内侍省、殿中省。据《梦粱录》记载，两大内侍机关所辖的单位共八十余个，负责传达、制作、酿造、园林、帝后衣食住行、游赏、医疗等各有关任务。

二、帝后之服

内边浅橙
外边橙
紫袍

内袄蓝

晋祠彩塑

后脚向上
山额
前脚向前

宋陵石刻像

大宋衣冠

晋祠北宋彩塑内侍像

内侍，是中国封建制度的罪恶产物。尽管其中多数人从事这种"低微"的劳动而终其一生，但作为一个阶层而言，则是封建社会的恶性瘤体。汉、唐、宋、明各代，都有内侍作乱的事例。宋代虽严禁内侍预政，仍有大内侍把持朝政，引发兵变民乱之事。唐代的高力士、宋代的童贯、明代的魏忠贤、晚清的李莲英，都是内侍中祸国殃民的罪魁。

二、帝后之服

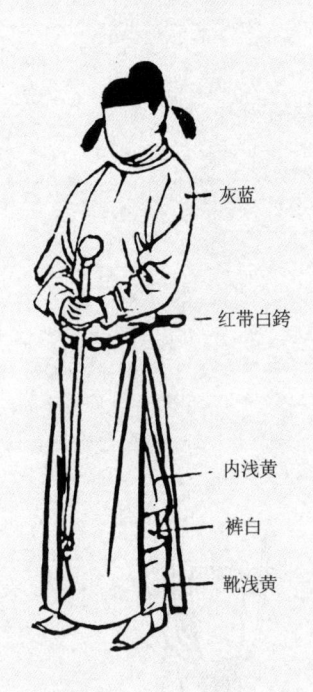

灰蓝

红带白銙

内浅黄

裤白

靴浅黄

服色同右

《孝经图》中跟随皇帝左右的内侍皆如上式

大宋衣冠

北宋壁画中的内侍

开元寺北宋壁画中的内侍，有帽置展翅者。不知何据，颇不可解。

二、帝后之服

粉绿

深红

大宋衣冠

宫 女

画像手法写实，造型准确，形象俊秀，幞头后二带之式，真实可信。长袍前下沿似作摺纹，腰下左右开衩，露内裙。云头鞋。

五色帛花

画眉
珠
珠
白花

红
金
红
紫黑色底
黄 白底
红
领、袖、下沿均用小珠缀边

《宋仁宗皇后像》中的宫女

二宫女装饰相同。鬓贴珠钿，眉、鼻梁处化妆。其帽将一年四季的花全集中在头上，称为"一年景"。

河南巩县宋陵石雕宫女

56

二、帝后之服

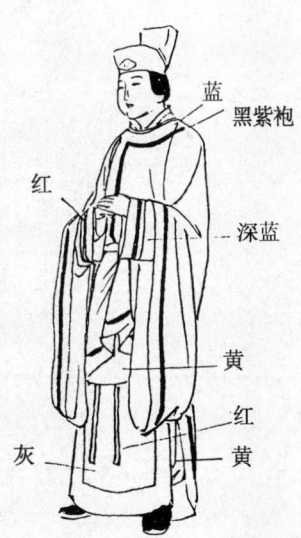

蓝
黑
朱红
墨绿
手捧红盒
白
灰蓝
绿
桔黄

白
大红
黄
明蓝袍
白
灰
内桔黄

蓝
黑紫袍
红
深蓝
黄
红
灰
黄

太原晋祠中的北宋彩塑宫女群像中的女官

57

大宋衣冠

宫 女

太原晋祠圣母殿中的北宋彩塑宫女群像，造型严谨准确，性格鲜明，神情生动，仿佛能应声而出。服式均为上衣下裳，个别外加长褙子。发式多样，少女皆作二丫鬟，长者以帕包髻。其中也有二尊为中年女性，神色峻严阴冷，似为"领班"。

二、帝后之服

大宋衣冠

二、帝后之服

大宋衣冠

（此14例图像均引自80年代北京某出版社出版的历代服饰图集，惜忘其书名及作者，谨致歉意）

三、官员服饰

宋代官员分文武职各九品（行政级别），每级分正、从（副）两档。京郊知县为文职正八品，约相当于今之县处团级，故九品是科级，皆为基层干部，官阶的名称均为某某郎，七品以上则称某某大夫。

有品级的官员分为两大部分：一是"朝廷命官"，即为政府机关的公务员；二是"杂流命官"，即技术官，好似事业编制，官阶只是领薪标准，不能享受前者的福利与特权，如申请给儿子封官等。

宋代文武官员在服装外观上是没有区别的，不像明、清那样文官胸前绣祥禽，武官胸前绣瑞兽。

宋代官员均有两套不同用途的服装（含佩饰），一是参加朝廷各项重要活动如郊祭、庆典的礼服，称为朝服；二是日常上朝、办公时的便服，品级高下的区别是：1.礼服中梁冠的梁数；2.常服中袍的颜色；3.腰带与带面饰物的材质等。同级与相近品级的文武官员服饰相同，故岳飞官服（常服）像就同一般文官毫无区别。在绘画或影视中为区别于他人，武将上朝出行时处处戴盔披甲，但非史实。

朝　服

官员礼服称为朝服，加上整套佩饰则称具服。细分的话，还有大祭时的祭服，帽子与天平冠一样，但旒数递减，衣式相同而换成黑色，但几乎没有这样的画作传世。

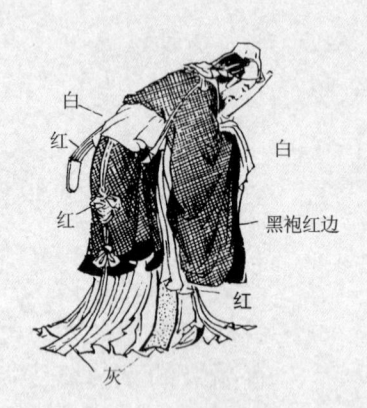

左一官员的服式十分完整，结构清晰，造型严谨。右一人的服式与之相同，唯帽有异，然也非貂蝉笼巾，是汉制还是从简，待考。另左例官员所带之剑，仅为仪仗物，不是武器。且只有经皇帝特许，才能佩剑，称为"带御器械"。

明吴彬《南薰殿历代圣贤名人图》中之韩琦像。貂蝉笼巾尤为清晰详备，附饰齐现。貂蝉笼巾是罩在七梁进贤冠外的网状方形帽，只有一二品大员又是几朝元老者才能享此殊荣。

三、官员服饰

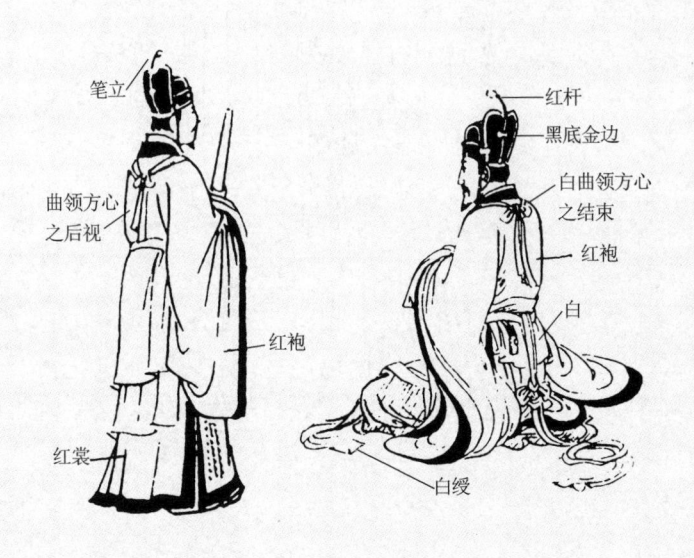

笔立
梁　　山额
曲领方心
笏
革带
蔽膝
裳　　舄
绶

笔立
曲领方心之后视
红袍
红裳

红杆
黑底金边
白曲领方心之结束
红袍
白
白绶

65

大宋衣冠

宁波东钱湖南宋石雕文臣冠服

玉佩

簪 — 进贤冠
额花
曲领方心
笏
绶裳
双头舄

三、官员服饰

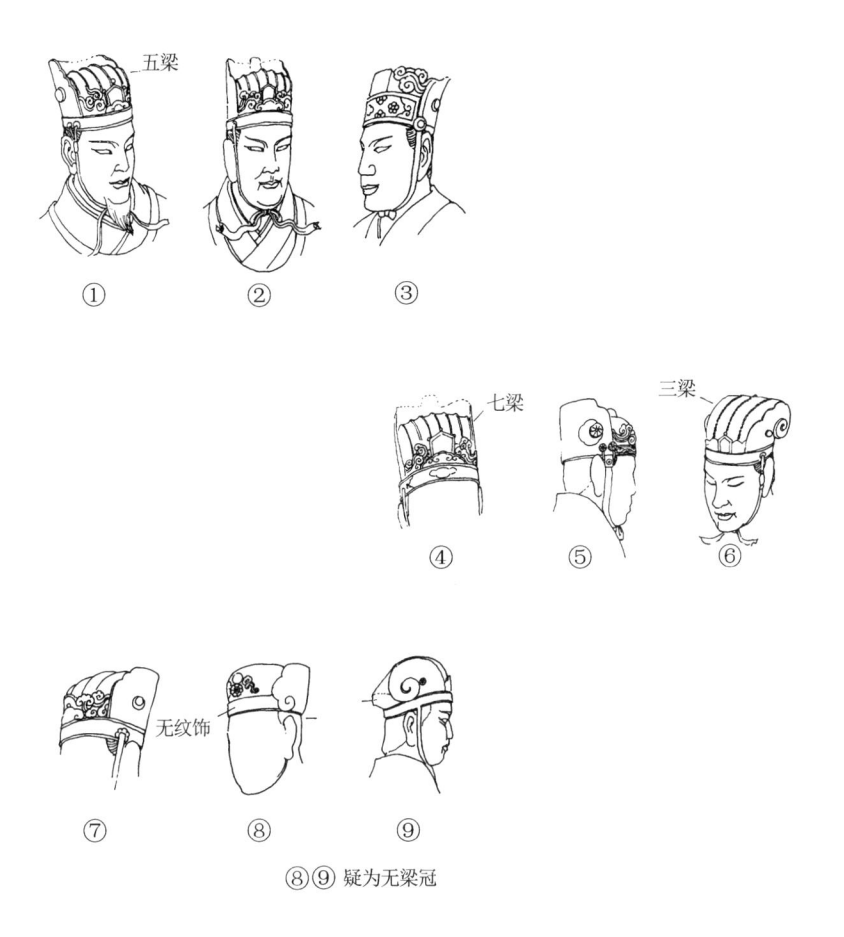

　　　　五梁　　　　　　　　　　　　
　　①　　　　②　　　　③

　　　　　　七梁　　　　　　三梁
　　　④　　　　⑤　　　　⑥

　　　　无纹饰
　　⑦　　　　⑧　　　　⑨
　　　　⑧⑨疑为无梁冠

官员朝服

是参加皇家盛典如郊祭、大朝会，或为帝后庆寿时穿的礼服。区别品级的，是帽上梁的数目，共七等。第一等七梁，外加貂蝉笼巾，亲王、使相、三师三公所戴；第二等七梁无笼巾，枢密使、太子太保所戴；第三等六梁，丞相及大学士所戴；第四等五梁，御史、各部司首长所戴；然后是四梁、三梁、二梁。
进贤冠外加貂蝉笼巾，叫貂蝉冠，御史之冠上刻木作獬豸角状，称獬豸冠，即法冠，取直言敢谏、刚正无私之意。

67

常服（即公服、从省服）

宋代官员的常服是圆领宽袖长袍，袍长及足，戴直脚硬幞头，束革带，着乌皮靴。凡平日上朝、内外办公均服，可称宋代公务员之制服。显示品级尊卑的标志，一看服色，二看革带的材质，三看佩鱼与否及质材。必须注意的是，宋代官袍上没有绣着禽兽图案的方形"补缀"；也无加在领口、下摆处的其他纹样。

两宋画中官员的常服样式全同

鱼袋

鱼袋之制始于唐，内放鱼符，上刻佩者官职名姓，作为出入宫廷的物证。宋、辽、金皆沿其制，但将外形作鱼形，以明品级。六品以上始得佩鱼，凡佩鱼之官服，又称章服。未到级别而佩鱼，称"赐鱼袋"。左上即辽国之鱼袋，出土于内蒙通辽龟山辽墓，入葬期约为宋徽宗初年（1101—1110），这是迄今所见之唯一实物。其高约8cm，上一孔，为穿挂用。

三、官员服饰

五代官员公服

明代官员公服

清代官员公服

69

品级的标志·革带

革带即皮带，但外裹色锦。为带之本体，称为鞓。鞓上施有不同质材、外形、图案的銙。革带系结法基本与今相同，即扣。垂在扣外的结尾部分，叫铊。

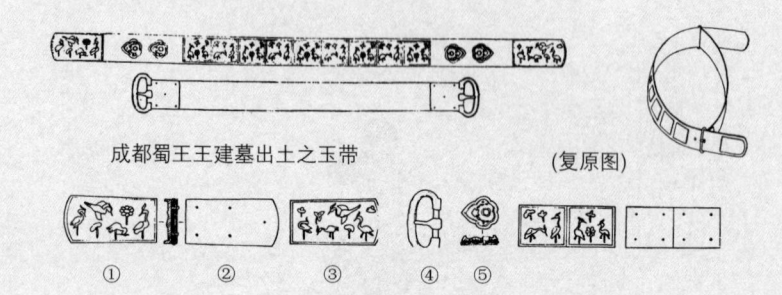

成都蜀王王建墓出土之玉带

（复原图）

① ② 铊 ③ 扣孔饰 ④ 扣 ⑤ 銙（引自《文物》1985年第37期）

现据《宋史·舆服志》所载，把宋代品官冠服制整理简表如下：

品级	服色	冠	带	鱼袋	笏
一品	紫	七梁冠	玉带	金鱼袋	象笏
二品	紫	六梁冠	玉带	金鱼袋	象笏
三品	紫	五梁冠	玉带	金鱼袋	象笏
四品	紫	五梁冠	金带	金鱼袋	象笏
五品	绯	四梁冠	金涂带	银鱼袋	象笏
六品	绯	三梁冠	金涂带	银鱼袋	象笏
七品	绿	三梁冠	黑银即犀角带		木笏
八品	绿	三梁冠	黑银即犀角带		木笏
九品	绿	二连冠	黑银即犀角带		木笏
庶人	皂、白		铁角带		

说明：
1. 本表所列是神宗元丰年间（1078—1085）的规定，南宋相沿不变。
2. 宋代制度规定，凡服绯、服绿至二十年的官员，历任无过，经过一定程序的考核（即"磨勘"），政绩优良者，可改授章服（即赐佩金、银鱼袋的服饰）。
3. 御史大夫、中丞、刑部尚书、侍郎、大理卿、少卿等执法官，均着獬豸冠（冠上刻木作獬豸角状），服青荷莲绶，不依本品官服。
4. 《宋史·舆服志》上所记载的品官冠服制，是以官称，而不是分品阶。为便于理解，本表以品阶作大体区分。

三、官员服饰

学 士

宋代学士院是皇帝的文学顾问团，学士须由饱学之士担任或兼任，为皇帝起草重要文书，极受尊崇，待遇隆厚，倍受天下人的羡慕，称其工作"清且贵"。在刘松年《唐五学士图》、佚名《唐十八学士图》、《博古图》、《勘书图》等图中，学士皆着便服。

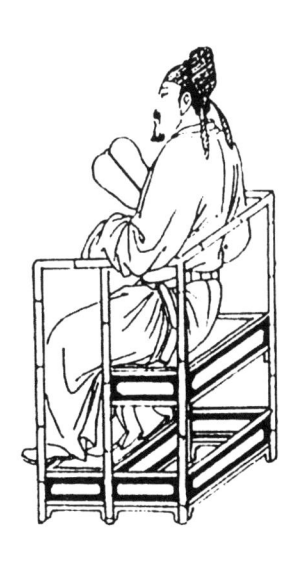

大宋衣冠

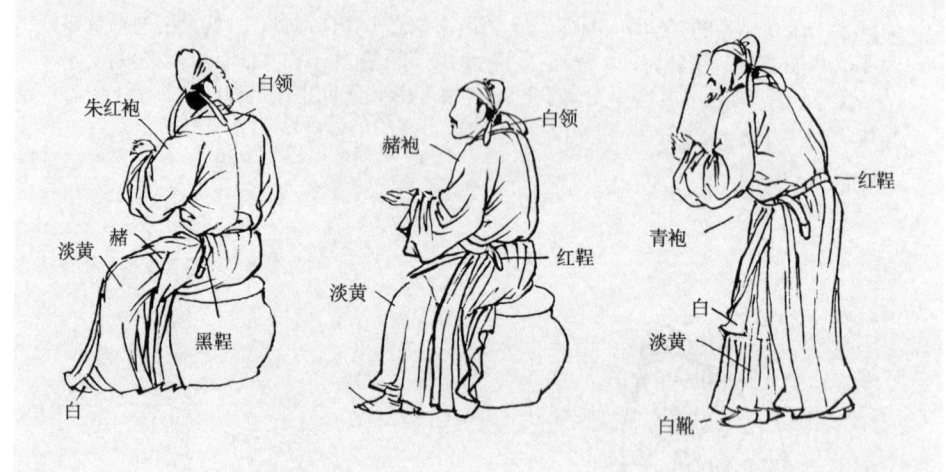

宋代学士院不冠以"翰林"二字，以区别供奉书画琴棋、天文与医官的翰林院与供应茶果的内侍单位翰林司。翰林院中医官与书画家，只是"以艺侍上者"，无论地位与待遇不可与学士相比。

三、官员服饰

法 官

在宋代，并不是所有的官员都有审讯的权力。县官是最基层的司法负责人；州府除知州、通判外，设司法参事、司曹参事；知府外又设判官、推官、法事参军；每一路（相当于省）设提点刑狱公事，掌一路之司法刑处。中央有大理寺、刑部掌司法。御史台负责官员的监察弹劾、审讯并提出刑处方案，经大理寺合议才能确定。朝廷规定诸州所处死刑案件，须报大理寺详断，刑部复查无误，才得执行。可见旧戏中一些当了官就能审案、翻案的故事，并不符合史实。

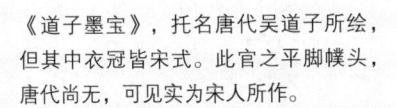

《道子墨宝》，托名唐代吴道子所绘，但其中衣冠皆宋式。此官之平脚幞头，唐代尚无，可见实为宋人所作。

宋《十王经赞图卷》之法官，描画甚简，难窥其详。

吏

按今天的话来说，吏是个办事员或科员，还不是官员。图为《道子墨宝》中大官审案的场面，站在官员前面向案犯问话的（左上），就是吏，戴软幞头，着圆领窄袖袍。《孝经图》中县官审案绘有二吏，幞头后脚短小，亦短袍。后人据此塑造了判官的形象。右下二人是书记员，即书吏。

四、文人服饰

细观宋代文人之服，约分三类：一是带着魏晋遗风的上衣下裳，外加广袖宽袍；二是宋代时装，外着道衣或褙子；三是窄袖长袍，更为简便。

第一种服装，多为隐逸放达之人所服；第二种则多为名流闻人所服；第三种则是一般人所服。但这种区分仅是据绘画表现的情况而言，具一定的代表性，但非宋代明文规定。

魏晋遗风

自汉末至三国魏晋南北朝（220—589），战乱既久，政治黑暗，士大夫惧祸而尚清谈，表现在服装上"皆冠小而衣裳博大，风流相仿"，以至"一袖之大，足断为二"。这种服式在绘画中多有反映。北宋后期、南宋中后期有相似的社会背景，于是一些士大夫不由慕古而仿之，宋画中着广袖博衣者屡有所见。

北宋李公麟《摩维诘像》中一个谈禅的贵族士大夫。（凭几、丝袜）

北宋张激《白莲社图》中一个谈禅的士大夫。头裹纶巾，手执羽扇，即所谓"羽扇纶巾"者。

南宋佚名《斫琴图》中的两个文人：一个正在拨弦调音，一个似在为其校音。二人席地而坐，皆宽衣大袖，冠小仅束髻，如魏晋之士，可见此"古装"犹有服者。

四、文人服饰

到南宋中后期，政治日益黑暗，危机日益深重，在马远一派画家的笔下，出现了众多超然欲遁的士大夫形象，但已无魏晋服式，大多是身着"时装"。或方巾、纶巾、软巾，或道衣衫袍。元、明、清除道士等职业所需外，着魏晋古装的几乎从此消失。这种变化表明，古装已在南宋后期被淘汰，而宋代的一些服装正成为新的传统，为后代所继承。看一下元、明、清画中的文人形象，绝大多数人所穿戴的正是宋代的"时装"。

马远《松寿图》

马远《松下闲吟图》

佚名《竹涧焚香图》

裤

马麟《静听松风图》中一贵族文人，白色长袍，下裤，已无裳。

①道衣 ②方巾，衣式不明 ③错摺巾道衣
④佚名《文会图》所画文人

佚名《竹林拨阮图》二人皆宽袖道衣

四、文人服饰

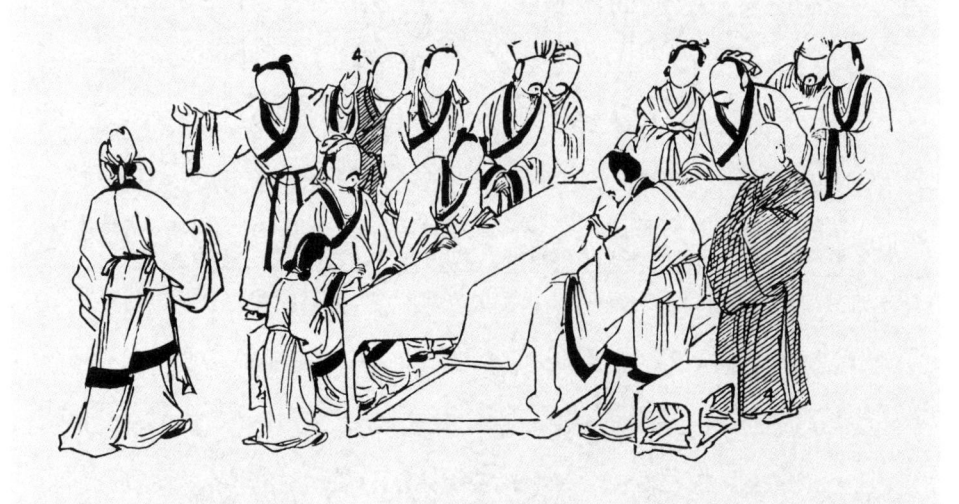

马远《西园雅集图》画北宋驸马王诜家雅集,主要与会人物有苏轼、米芾、李公麟等一代名士,内写字者即米芾。人物服装除侍女、书僮外,均为上襦下裳和道衣。

流行时装

方巾

一个秀才正在上轿。宋徽宗时规定"民庶之家不得乘轿","间闾之辈不得与尊者同荣,倡优之辈不得与贵者并丽",违者以违御笔论。体现了宋代对文人、士大夫的尊重。

方巾

张择端《清明上河图》

《梦粱录》对南宋未入仕而靠一技之长谋生的文人,统称为"食客"。包括"训导蒙童子弟者(家庭教师),谓之馆客;又有讲古论今、吟诗和曲、围棋抚琴、投壶打马、撇竹写兰,名曰食客"。当然,授职待诏的画家、书法家、棋手、文学家不在其列。

四、文人服饰

内斜领上衣
外长褙子
下裳

梁楷《黄庭经图》

皂衣小吏者是也
黑袍
短袖长褙子
淡黄
白 白

赵佶《文会图》中着便服的官员文人。

81

上衣（襦）下裳

① ② ③

马和之《孝经图》二人皆上襦下裳。若将襦与③之袍（衫）对比，襦好似短大衣。

此人着圆领宽袖襕衫，衫前中间的接缝明显至横襕而止。道衣则无横襕。

佚名《梧桐清暇图》中在庭院休闲的学士，脱去外衣露出的短袖内衣与裳。

佚名《勘书图》中一官员正在束放腰间的帛带。

佚名《勘书图》中一名官员脱去外衣，着上衣下裳。

四、文人服饰

元·华祖立《玄门十子像》中二例上襦下裳

纶巾

斜领宽短袖长褶袍

此领深色

宋徽宗《文会图》

大宋衣冠

仙桃巾之变形

内上衣下裳

北宋·张激《白莲社图》

外宽袖长褙

纶巾

四、文人服饰

此画原名《五王嬉春图》,由是知五人均南宋大员(亲王一般有节度使之衔)。由此可知,官员不穿常服,所服与士大夫相同,两者是很难区别的。五人衣皆不同。①②软幞头,圆领窄袖袍;斜襟窄袖;③束发裹软巾,斜襟宽袖上衣而束于裳中;④软巾宽袖长袍,束带;⑤错摺巾,上着斜襟襦,罩在长袍外,右开衩处,露出内裳,裳内又有裤。

85

元初赵孟頫《苏轼像》中东坡所服即道衣。道衣与襕袍的不同，就在于道衣直通而下，不再下接横襕。

右见于《道子墨宝》，实系北宋一高官的便装。

四、文人服饰

黑鞓

黑鞓金銙

灰黄

青灰　白

开元寺北宋壁画中之二士

浅赭色袍

红鞓金銙

白裤
白鞋

内蓝

裤沿
隐然有花边
（浅赭）

左图之贵人便装，见于开元寺北宋壁画。

87

大宋衣冠

北宋乔仲常《后赤壁赋图》画苏东坡贬黄州时情景，苏与到访友人均着道衣。画家与画中人皆为同时人，所画应极可信。

南宋《九老图》，画唐白居易等九人故事。九人衣冠全同，均为宋代名士装束，即戴高桶东坡巾，道衣，云头履。

开元寺壁画中之着圆领长袍的弹琴人

梁楷《论道图》中的一儒一道。道士头梳二丫髻，袒胸而坐，上襦下裤，儒士裹巾长袍。

四、文人服饰

赵伯骕《凤檐展卷图》中之居家文人，上衣下裳，帛袜。

佚名《水阁纳凉图》

南宋·佚名《槐荫消夏图》中一个袒胸而眠的文人

夏装与冬装，古代不像现代那样在服式上有明显的区别。本来就是夹层袍、袄、襦，在里面放进丝棉、棉絮，就成了冬衣。唯一在外出时戴上一个风帽，就可防风御寒了。但不见披风兜篷一类的衣物。夏天则减衣，豪门贵邸防暑主要靠窖藏的去冬积存着的天然冰。

89

大宋衣冠

文人出行服

从宋画与宋代笔记小说看，当时士大夫出门访友、游赏、游学，乃至赶考、赴任，甚至充军发配，都带有随行的服务人员，视情多寡不等。最起码的，带几名家僮或仆人。在宋画中最常见的，便是一名书僮加上一名家仆。这些数人组合的形象，不只有助于对不同身份人物服式的区别，也是一种形象的历史知识。

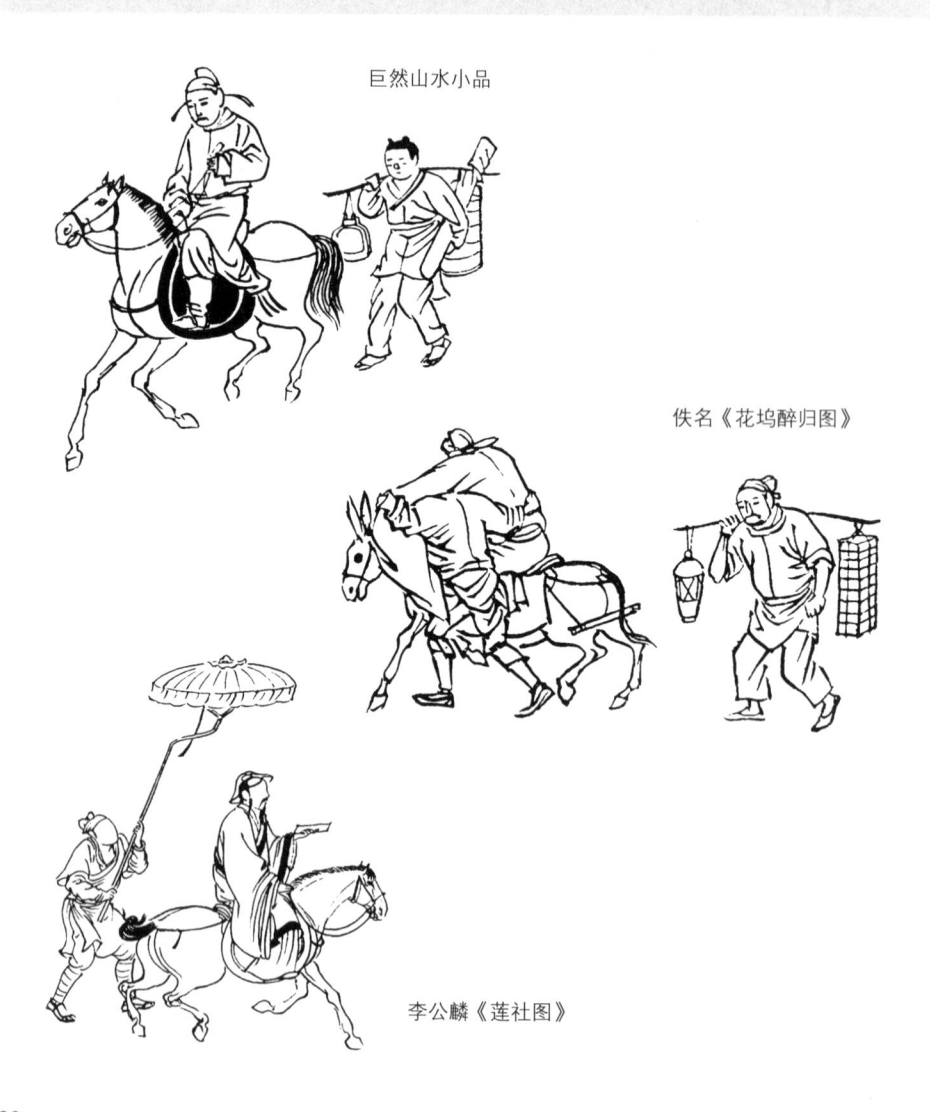

巨然山水小品

佚名《花坞醉归图》

李公麟《莲社图》

四、文人服饰

赵令穰《柳亭行旅图》

梁楷《八高僧图》

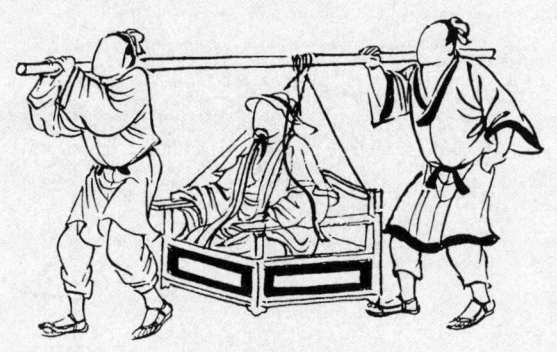

襕衫

李公麟《莲社图》中的文人旅行方式。

大宋衣冠

骑者所戴遮阳帽，如今福建、广东妇女之笠帽，有布沿边，行则飘动。

（以上4例均摹自张择端《清明上河图》）

四、文人服饰

（前四人位置略有移动）

上：《清河上河图》中人数最多的一支行列。前有戴交脚幞头的衙卒，可知骑者是官员。内执杖开道一，导从四，牵马二，扛伞一，挑物二，共十名随从。主人作游归状，便衣戴笠，腰垂文具袋，神情闲畅。

下：佚名《春游晚归图》画南宋事。每逢二月朝廷拨款，由临安府雇工，将西湖四周桥道亭馆"油饰一新"，以"备都人游观"。西湖旅游，由是大盛。又谓贵宅富家，率先出游，时称"预赏"。图中行列，从者十人，一色服装，配备齐全，当为贵宅之仆从。十人均裹幞头，圆领窄袖襦，裤皆扎于膝下，以便行走。

①②开道，③牵马，④⑤护卫，⑥背笠，⑦扛茶床（类今茶几，供临时置物用），⑨背交椅，⑧⑩厨师，拎食盒，挑灶及餐具箱。

93

大宋衣冠

《清明上河图》中有13组外出的行列，有官员、士大夫、乡绅、女眷等，或骑马、驴，或有眷属乘车轿的，随行仆僮卒役少则一二人，最多九人，主仆衣着有明显区别，从者皆短衣、裤，着草或麻鞋。

骑者之帷帽甚大。前一人即扛伞，以备旅途之用

帷帽

一骑驴出外妇女，戴此以避风沙

一青年妇女的帷帽，帷长至腰

主妇二人以帛裹头，以障尘土

五、庶民服装

宋代规定，庶民只许穿白、黑两色衣服，后又禁用黑紫色和"兰、黄、紫地撮晕花样"。凡是没有功名（即举人、进士之类的资历）的男女老幼，皆属庶民。

据《东京梦华录》、《梦粱录》载，两宋京城"士、农、工、商、诸行百户衣装，各有本色，不敢越外"。可见服制甚严。"香铺裹香人即顶帽披背子，质库掌事，即着衫、角带……街市行人，便认得是何色目"。每个行业几乎各有专门的"工作服"。

小 贩

小贩沿街叫卖，称为"盘卖"，按其戴物的工具，分为车、担、架、盘数种。盘最简单，手托篾盘、木盘盛物，即可叫卖。卖茶人携瓶与托盘同理而稍繁。

据《梦粱录》记载，杭州城内外到处有卖茶人，"以便观游"。图中卖茶人的茶具十分清晰。其服皆上襦（或衫）长裤，腰系围裙或长汗巾，浙西至今仍有，称为"汤布"。头裹软巾，足蹬麻鞋或草鞋。

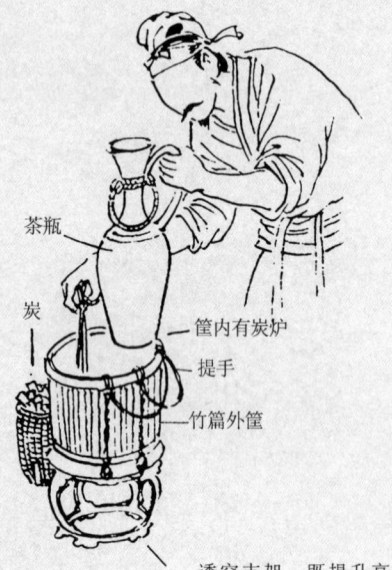

茶瓶

炭

筐内有炭炉

提手

竹篾外筐

透空支架，既提升高度，使人取瓶时不必蹲下，也便于装在筐底部的小炭炉随时保持空气流通。

五、庶民服装

《清明上河图》中一个卖茶人

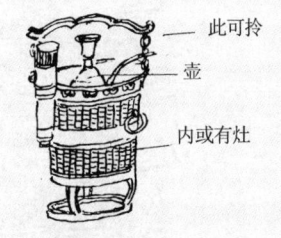

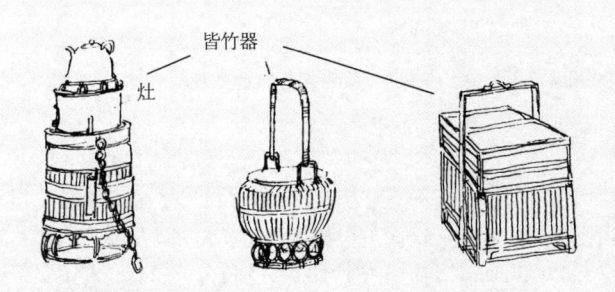

此可拎
壶
内或有灶

皆竹器
灶

97

大宋衣冠

疑为帛花

《茗园赌市图》中之临安天街卖茶担与男女卖茶人

刘松年《茗园赌市图》中之临安天街卖茶担与男女卖茶人。竹担有贮物柜与凉棚，棚上装花（疑为帛花）；斜面一方块中有字不清，或是为茶品名。图中卖茶女之衣装为宋画中之仅见，裙与襦、裤、鞋袜的关系交代得十分清楚，足见劳动妇女已流行长裤外穿。

五、庶民服装

从事小买卖、搬运、拉车、做工及农耕的体力劳动者，全是短衣长裤，以布围（束）腰，或打绑腿，足着蒲鞋，甚至赤足。唯裹头式与士大夫无异，仅简陋而已。

似卖零布料

体力劳动者形象

卖包子

大宋衣冠

此种担南方不见

卖食品

卖凉伞

算命人

五、庶民服装

《清明上河图》中汴京街头的小贩

杂剧《眼药酸》图中身上挂满眼睛图案的卖药人，已是眼药的活广告。与满街短衣长裤的劳动者不同，唯有带有表演性质的买卖人才能做此打扮。

卖药人

《文姬归汉图》中正在向人兜售白馒头的小贩

101

货 郎

苏汉臣《货郎图》中的推货车货郎。车为独轮车。所售玩具品种百余,几乎涉及各制作行业及材料。

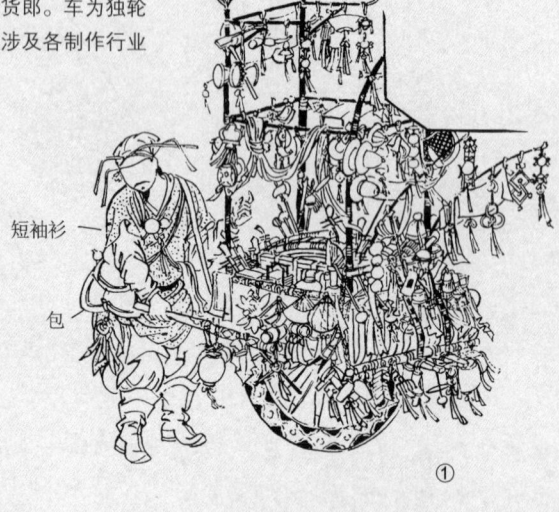

短袖衫
包

①

② 《岁朝货郎图》中的货郎

③ 李嵩《货郎图》的一幅变体画中的老货郎,满身挂着、插着种种玩具。

五、庶民服装

此图为清末民间画师张曜临摹苏汉臣之珍本。原载《中国民间年画图录》之天津杨柳青年画一节。

大宋衣冠

河北正定毗卢寺元代壁画中的货郎

李唐《仙岩采药图》中的采药人

苏汉臣《杂剧儿童》图中一个挂了19件乐器的街头流浪艺人

五、庶民服装

泥工刀与今相同

对襟短衫

一个为人磨铜镜的女工。她的小儿子扛着阳伞，跟着母亲讨生活。(见于元毗卢寺壁画)

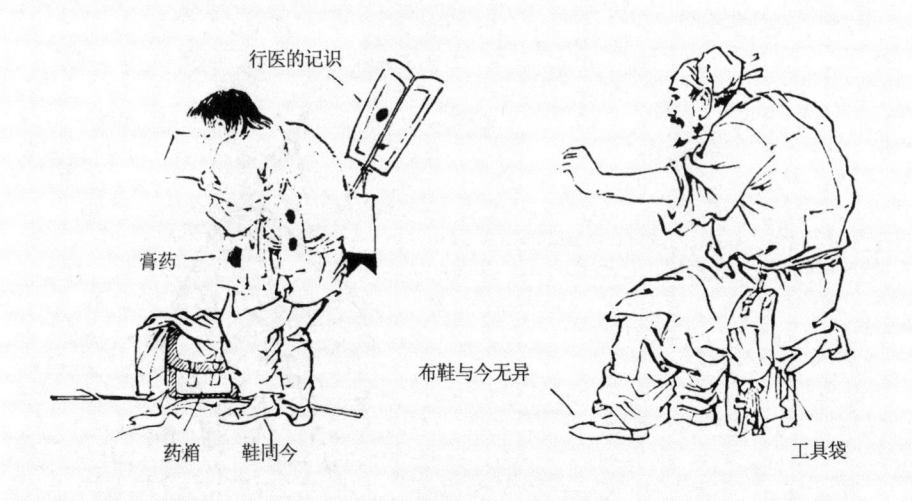

行医的记识

膏药

药箱　鞋同今

布鞋与今无异

工具袋

李唐《村灸图》中的江湖郎中及仆童

宋代重视教学，"广开来学之路"。太学向平民招生，不再由贵族垄断。州府县村均有学校，杭州每一里巷有小学一两所。一些无官的文人便成了教师。图中倦睏于桌的老师戴巾着袍，腋下所垂之带，是系结斜领用的纽扣带。

《村童闹学图》中的教师

《清明上河图》中的城市挑水工

五、庶民服装

又有所谓"无成子弟"的文人，适应市民文化的需要，去从事说书讲史、代人书写文字以及看相算命等职业。①一个街头说书人。②一个街头写书信者。③一个相士。（均见《清明上河图》）

大宋衣冠

宋代经济发达，行业有414行，约为唐代的两倍。工业有采矿冶金、瓷器、火药兵器、制革、造（车）船、建筑、运输、丝绸纺织、服装绣品、制盐、造纸、印刷、粮食加工、日用品、化妆品、文具、玩具、家具、制药、酿酒，等等，由此产生了大批工人，均靠工资过活。

在官办作坊中工作的，叫兵匠（按军事编制），民办作坊中的工人叫民匠。此外还有从事生活服务劳动的仆婢及临时工，均与主人先签合同，规定期限、工资，期满可以离去。唐代还盛行的一些奴隶制残余如人身依附、无代价服役，至宋被进一步淘汰，代之以普遍实行的雇佣制。

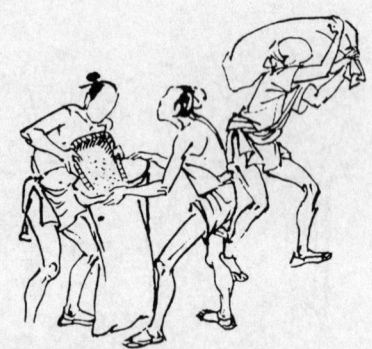

这架秤大物件重量的秤架，不仅合理，也是后人难以想象的。

108

奋力划桨的船工。宋代汴京与临安的物资供应均靠水运。《清明上河图》的大船,首尾设巨桨,各8人。

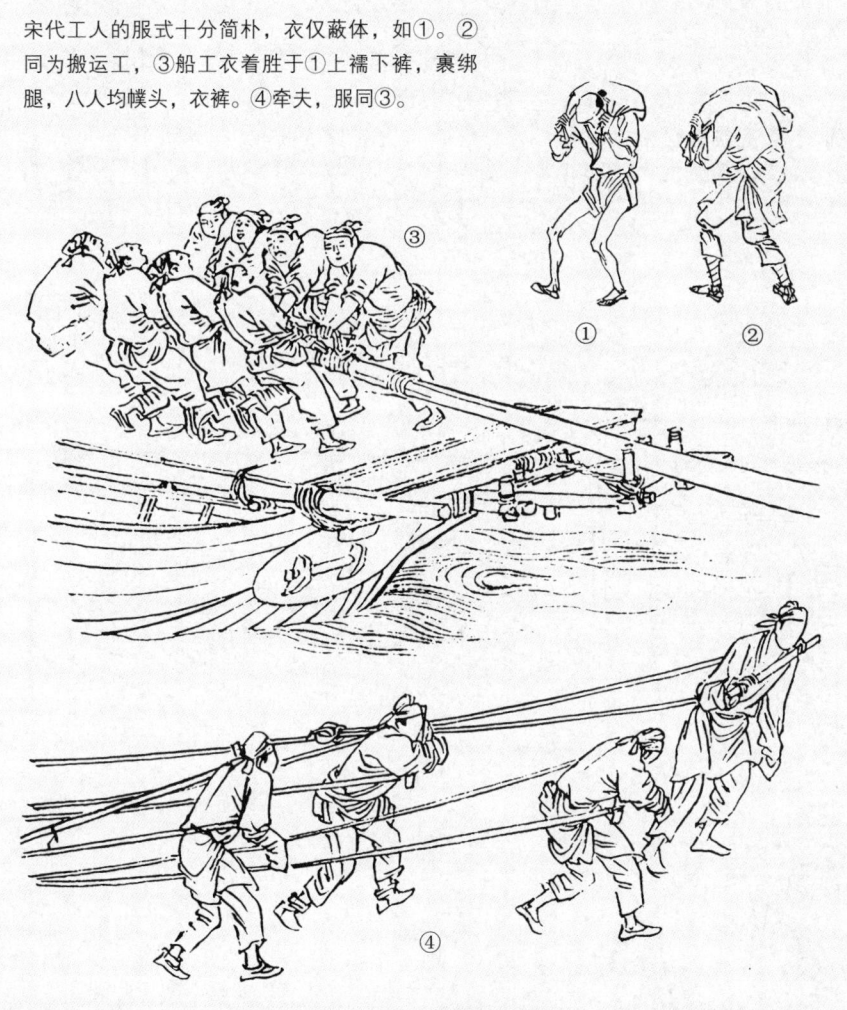

宋代工人的服式十分简朴,衣仅蔽体,如①。②同为搬运工,③船工衣着胜于①上襦下裤,裹绑腿,八人均幞头,衣裤。④牵夫,服同③。

《雪霁江行图》中衣着单薄的牵夫

运河是沟通南北的水上交通要道。运河入杭后,自北南下的船舶,可沿外塘河、贴沙河、入钱塘江浙东运河,或西入富春江,至浙西、闽、赣等地,靠的就是舵工、桨手与牵夫。

窑 工

瓷器是宋朝的重要工业与出口产品，两宋五大名窑之外几乎各地都有烧瓷器的窑厂，聚集着大批工匠。

景德镇本名昌南，北宋真宗景德年间于此设官窑，进御之瓷冠于一代，因以景德镇名之。
据清代《景德陶录》所绘，可见宋代制瓷工人的生产情况，而绘塑等工艺过程，几乎与今无异。书虽出自清代，而人物衣着竟为宋式。

五、庶民服装

道衣

放生积德　　　　　　　二人所卖何物不清

梁楷《黄庭经神像图卷》中有部分市民生活形象，用笔简练流畅，似速写般真实且富动感，从中亦可了解当时人们的日常服装。除士大夫及豪富外，劳动者均服衫裤，所以古装戏中让平民穿宽袖长袍，显然与实情不合，仅为美观而已。

111

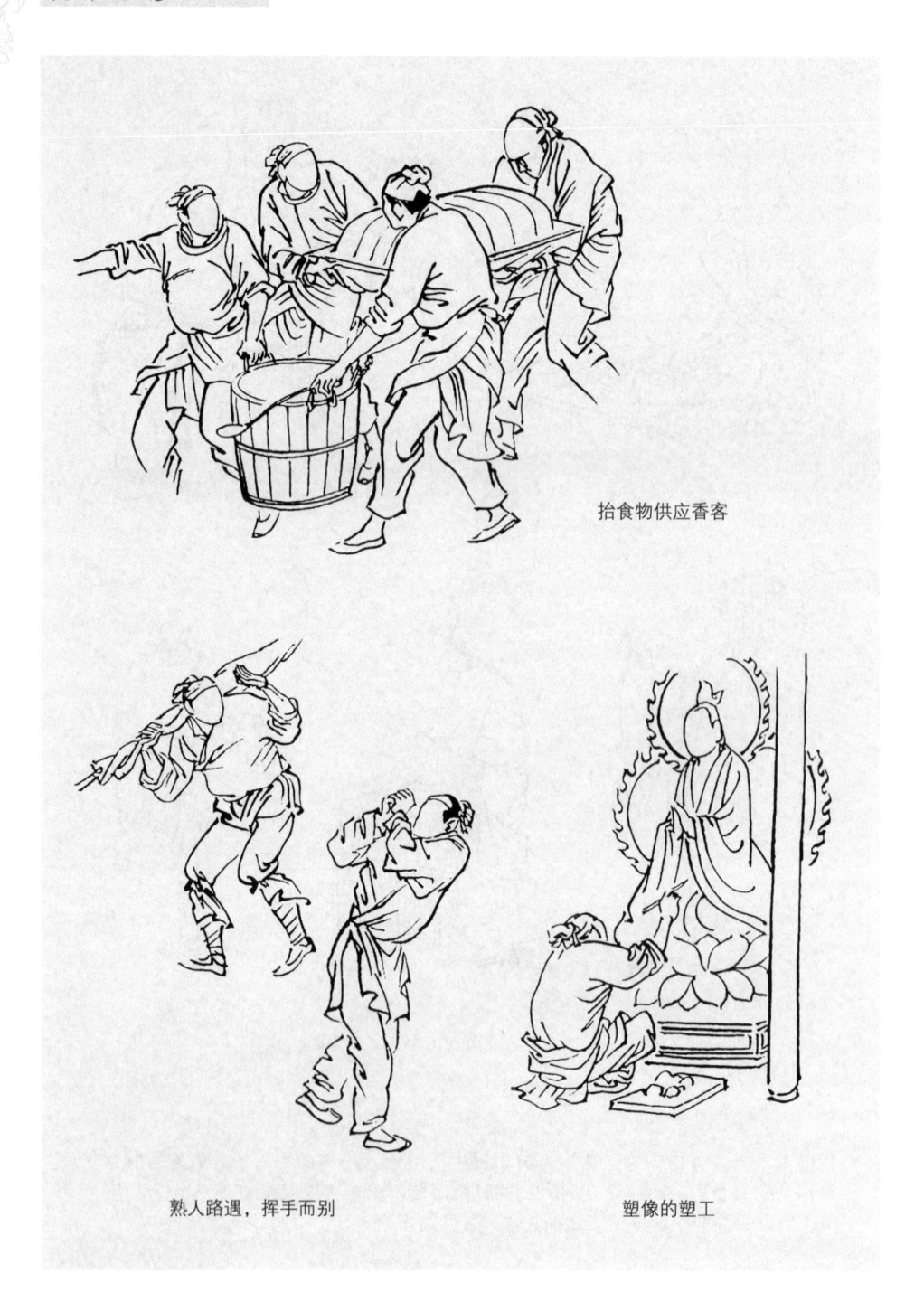

大宋衣冠

抬食物供应香客

熟人路遇，挥手而别

塑像的塑工

五、庶民服装

遮阳伞

似有二字，不清。

水果摊贩

《清明上河图》中大酒楼前的一个水果摊。摊是不走动的，比流动小贩的经营要大，但须早设晚收。

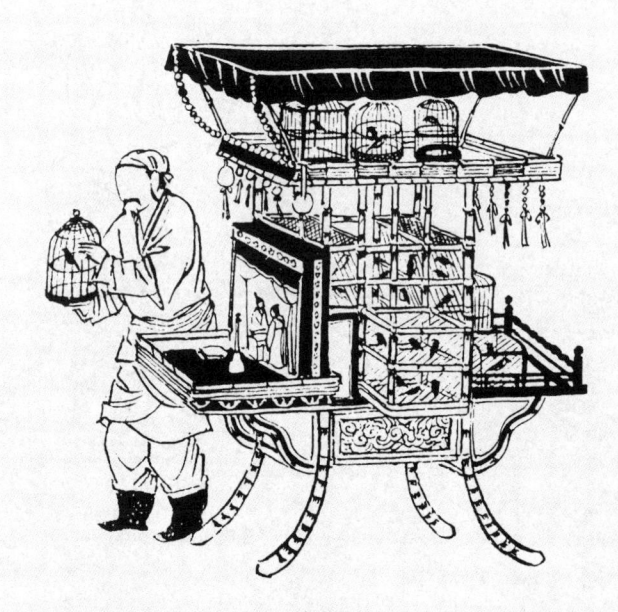

卖鸟人

佚名宋画中卖鸟人双手捧着小鸟笼，正在向妇女游说推销。装小鸟和鸟笼的屋架，似乎只能背在肩上，到处叫卖。然不知如何才能背负而行。

113

马倌

从唐代韩干所画马中的马倌，到元代任仁发之画，马倌之服式相沿不变，即幞头，窄袖袍，束带，着靴或蒲鞋。

南宋陈居中《马图》中的马倌

五代《百马图卷》

五、庶民服装

李公麟《五马图》

元赵孟頫《浴马图》中一人的幞头后两脚折向一边。

元代赵雍《饲马图》中正在拌料的马倌。这个背影正补其余几例的不足。

脚　夫

《梦粱录》："或官员士夫等人欲出路、还乡、上官、赴任、游学，亦有出陆行老（负责此行的头领）顾倩脚夫脚从，承揽在途服役，无有失节"。宋画中有不少画到这类脚夫脚从，均在主人的鞍前马后，或挑物，或导从，为适应旅途生活，这些人的服式均作短衣，或襦塞腰，裤管结束，或打绑腿，草鞋或麻鞋。头裹青巾，脑后二脚甚短。

① 轿夫

② 拉牛车

③ 独轮车

①②③均见于《清明上河图》，均短衣（当为褐），着裤，草鞋。

五、庶民服装

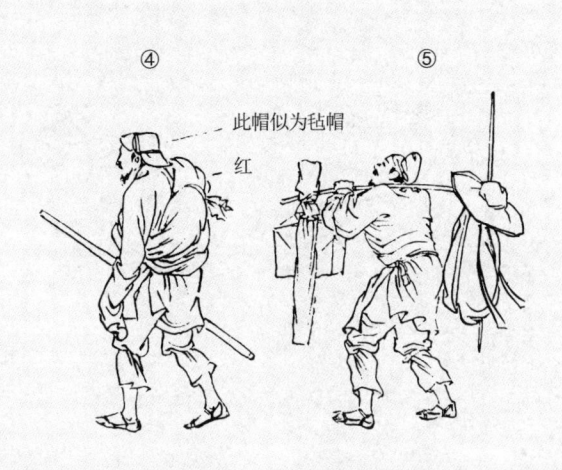

④ ⑤

此帽似为毡帽
红

刘松年《溪山行旅图》

⑥

南宋马远《晓雪山行图》中的运炭人

衙 卒

《清明上河图》中坐在一衙门前的衙卒。右一人着半臂衫,三人皆裹绑腿,以利急奔。

开元寺壁画

两个公差,服色相同。长袍前下摆提起,塞于腰间。露出内襦下沿及束腰帛条。着裤,蒲鞋。

五、庶民服装

衙 卒

河南方城县宋墓石俑，俑座上注明为导从，手中所持之物已断，或为棒，以喝退挡道行人，另一俑持伞。

萧照《中兴瑞应图》中的随从人员，内一执仗者，似为押班。

大宋衣冠

农 民

农业是封建经济的基础，农民是封建社会人口最多而生活状况最劣的社会成员。但宋代的农民，比唐代情况有所改善。农民的服式，皆为短褐一类。

方巾　　浑裹　　　　　　　　　　　幞头

束带

上衣皆襦，下裤

马远《踏歌图》中的农民

圆口布鞋　　　　巾　浑裹　　幞头　帻

靴　连袜麻鞋

襦

裤

《回銮图》与《迎贺望贤图》中围观的村民

120

五、庶民服装

《农事图》（宋）。此图清晰地展示出农村妇女并不缠足。当缠足陋习从宫中向城市蔓延时，农妇们因生活所需，仍保持天足。

扬谷

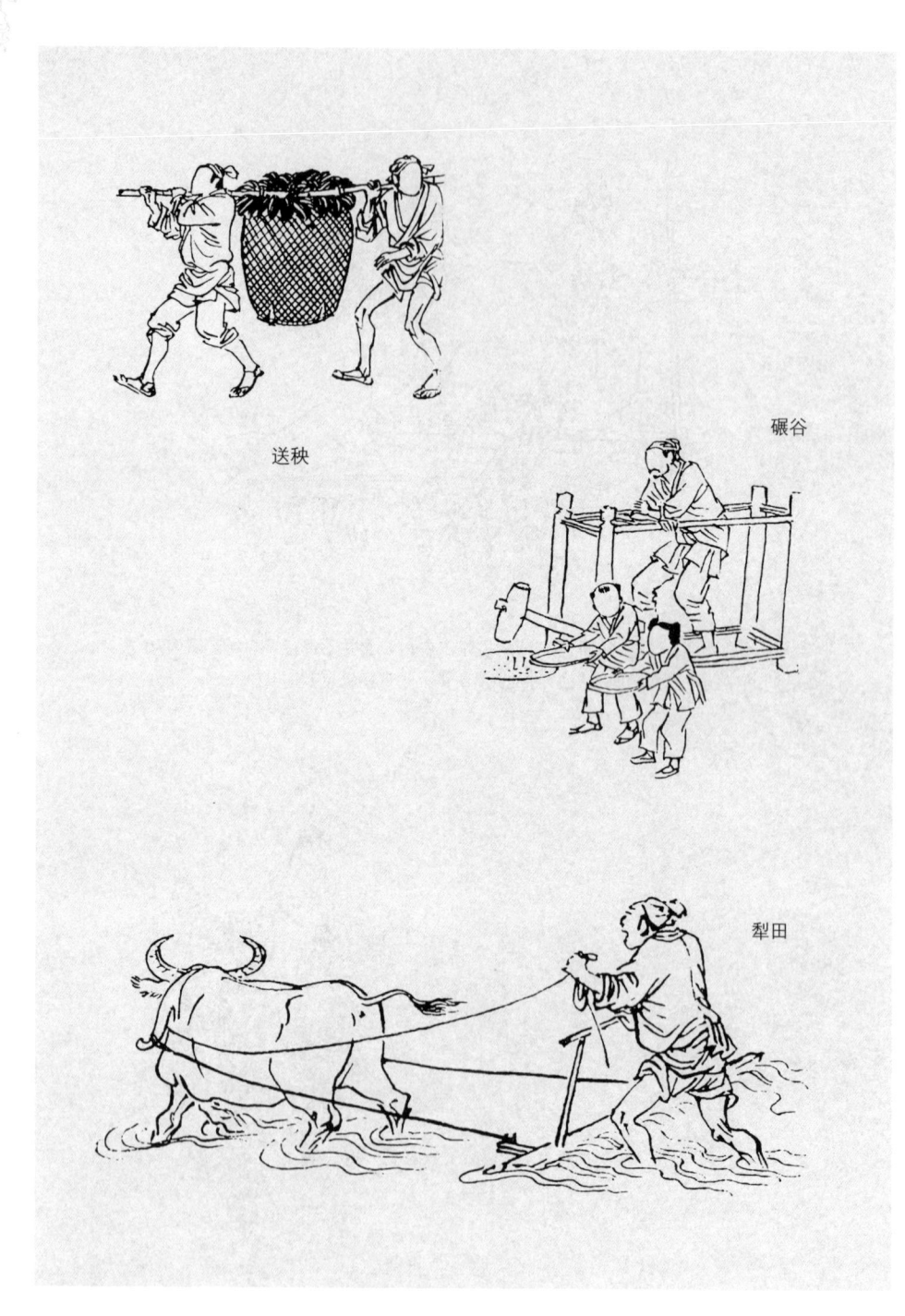

大宋衣冠

送秧

碾谷

犁田

五、庶民服装

佚名宋画《农事图》。为农民的劳动与生活存照，从中可见他们的衣着为男短衣长裤，妇女衣装也简朴无华，几无饰物。但明显不缠足，因为她们也要下地劳作。

割稻

一女

《农事图》

大宋衣冠

浑裹

北宋开元寺壁画中的农民形象

①荷锄少年
②一个正向官吏哀求的农民
③牧牛老汉
④⑤两个正在捕鱼的农民，几乎全裸

六、女子服饰

与唐代相比，宋代妇女的化妆服饰发生了颠覆性的变化。唐代那种以丰满为美、崇尚浓烈明艳服色、追新求奇、包容开放的潮流，一去不复返。在传世宋画中，再无肥腴浑圆的腰身，贴满花钿的脸庞，戴胡帽、穿胡服、着胡靴的仕女。往日的繁华浓艳，过多的修饰与奢丽，一扫而空，代之以清新、质朴、典雅、自然的全新风尚。以本真的妆容、苗条的身材、贴身裁剪的衣裙，显现着女性本原之美。奇装异服与外来服饰影响，成为朝廷不断禁绝的对象，因而宋代服饰的保守性是毋庸讳言的，但宋代女装中的亮点又成为后世传统中新的要素。

女子发式

宋代妇女多爱饰珠、插花。凡钗、簪、发夹上均饰有珠。首饰多作凤、鸳鸯、禽鸟或蝉、蛾、蝶之形，或作梅、桃、菊、牡丹等花形。质材为金、银、玉、翡翠等，花多绢花。

——披帛

《捣衣图》中一个正在用发钗固定发型的妇女

红

花瓣红
心石青

堕马髻（偏髻）

红带

(已婚妇女多作此髻)

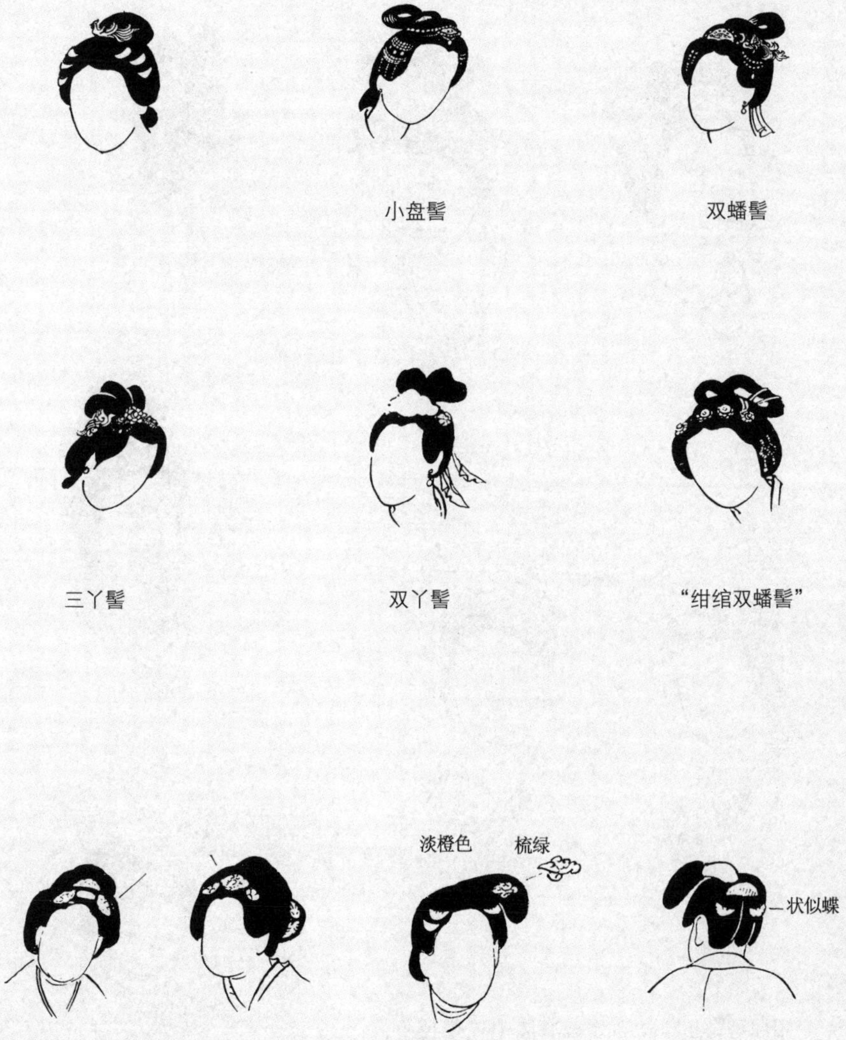

六、女子服饰

小盘髻　　　　　双蟠髻

三丫髻　　　　　双丫髻　　　　　"绀缯双蟠髻"

淡橙色　梳绿　　　　状似蝶

（以上图像取自佚名《宫乐图》）

大宋衣冠

朝天髻

红
红

包髻　蓝　朱红

红

红

山西晋祠北宋宫女彩塑像中三个梳朝天髻的宫女。均为少女，首饰均土黄色，有凹凸，当为金首饰，红珠缀其上，民间无此妆。

晋祠宫妇以帛蒙髻，以防尘护发

六、女子服饰

束髻之带尾

四川大足南宋石窟中的几例发髻梳结法，结构明晰无误。

山西开化寺北宋壁画中的两个中年妇女之发式。

大宋衣冠

民间少女之发式

白或红色　　　　　　　绿，似为翡翠　　土金

土金
珠

南宋《捣衣图》

包髻　　步摇

北宋《朝元仙杖图》之仙女

六、女子服饰

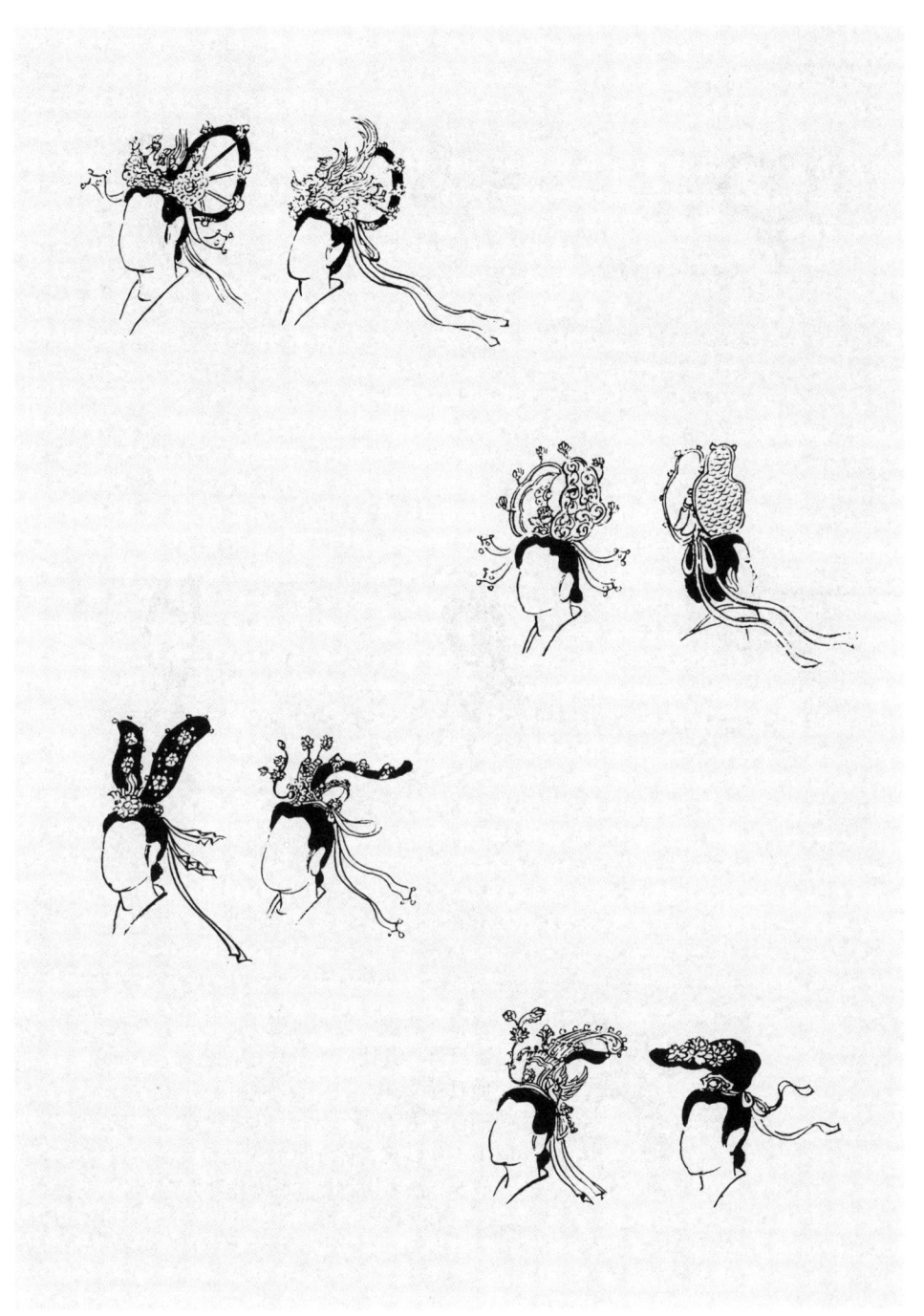

大宋衣冠

双髻

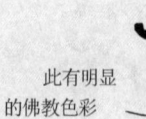

此有明显的佛教色彩

特髻（假发，也叫髲髢）。特髻有高至数尺者。此图所绘，均选自北宋《朝元仙杖图》及《七十八神图》，虽称神仙，必据生活实样。但宋代现实生活中，作特髻者并非贵妇，而是女演员或妓女，故不应将贵族妇女作此发型。

六、女子服饰

女 帽

元宝冠

髻
红

锦制，中年妇女多用此。

灰蓝底白花

开元寺壁画中一贵妇之元宝冠较为低矮，似为居之便帽。

编竹为团，涂之于彩。见河南宋白沙墓壁画。

花冠的结束法

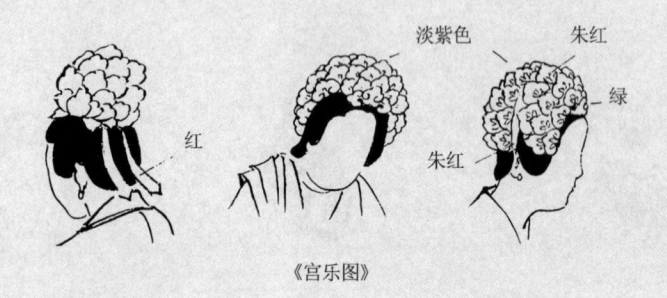

淡紫色　朱红
红　朱红　绿

《宫乐图》

似为丝织品做成，套于髻外，实为花形软帽。

攒云五岳冠

晋祠宫女

花髻

南宋《却坐图》中之妃

六、女子服饰

纯蓝　土金

晋祠内一个戴元宝冠的宫女

冠前尖角，
尚不知为何设。

蓝
土金

仅见宫内有此式，民间罕见。

135

大宋衣冠

上衣下裙・披帛

上衣下裙，加上披帛（又叫领巾、披巾）是宋代青年妇女最时髦的打扮，因而在绘画雕塑中表现最多。一直到清代，绘画中仍有反映。
然而衣的概念很多，衫、袄、襦、背心均属上衣，形式也有宽窄、有袖无袖、长袖短袖之别，穿法也有衣束在裙内裙外之分，这里所谓最时髦的，即本页各式。"窄薄罗衫"，加上飘飘曳地长裙与披帛，充分体现出体型美又风韵潇洒。
见佚名《女孝经图》。

朱红

浅赭白花

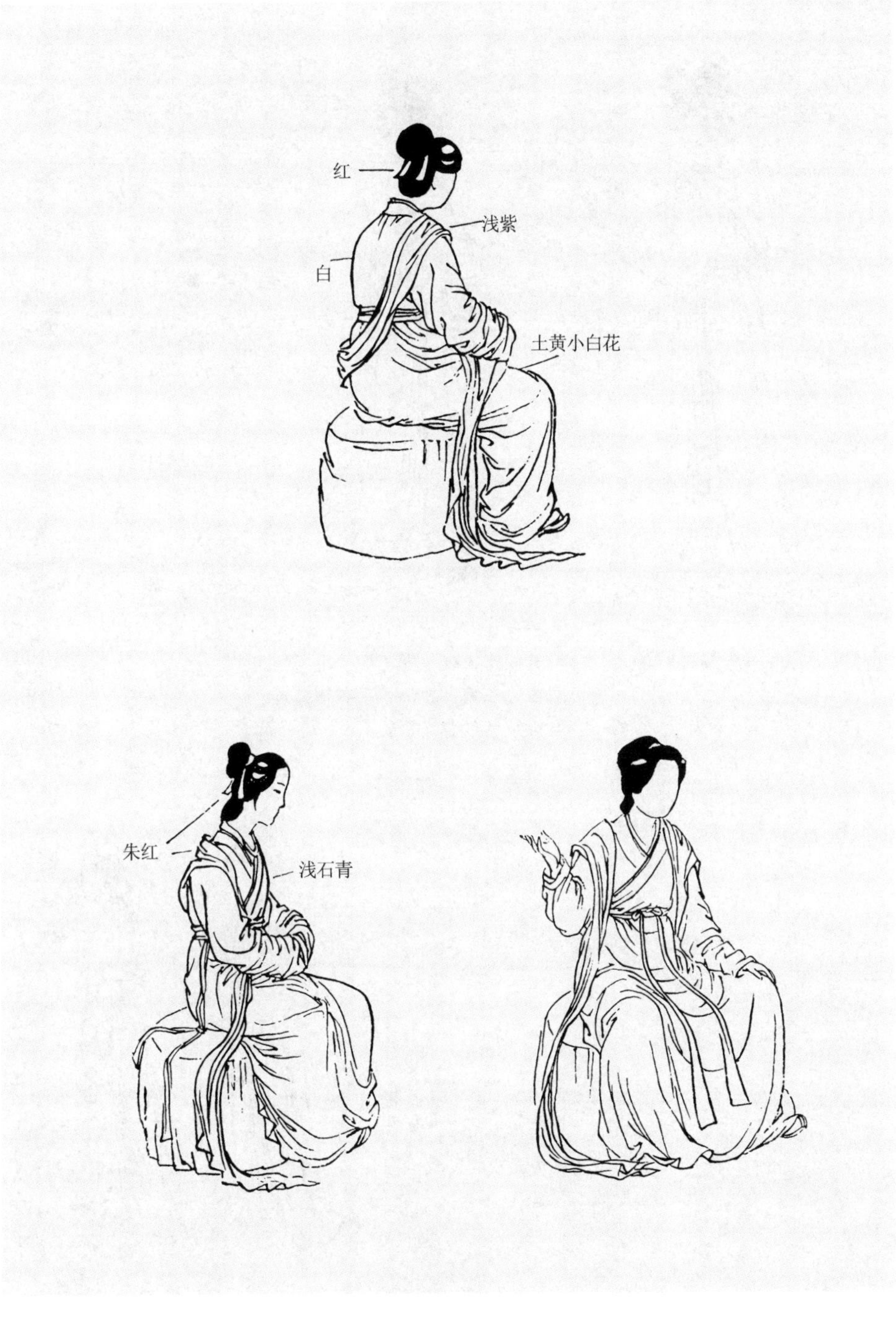

六、女子服饰

红
浅紫
白
土黄小白花

朱红
浅石青

137

大宋衣冠

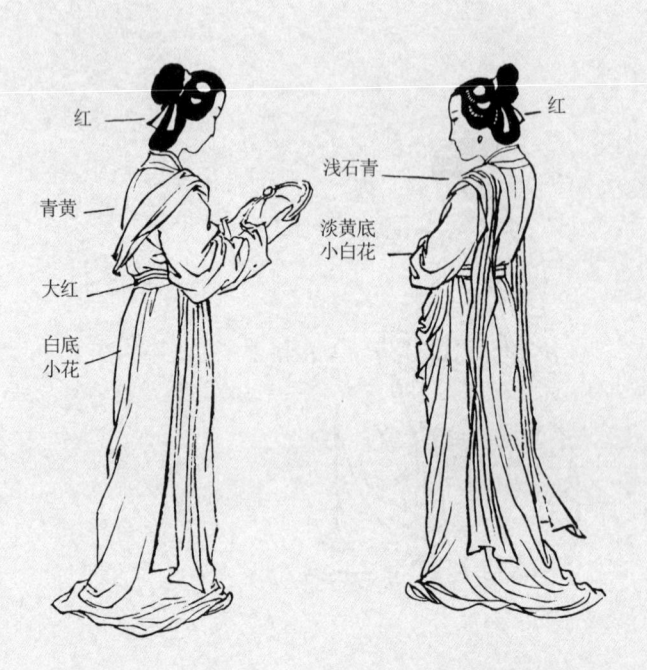

红
青黄
大红
白底小花

浅石青
淡黄底小白花
红

马和之《孝经图》

苏汉臣《晓妆图》中的小姐，窄衫长裙，披帛，手有镯，首饰灿然，腰间悬玉。

南宋《女孝经图》卷中着此装者20人。皆为良家女子，并有侍女数人在旁。观其环境，均在室内或院庭中。

六、女子服饰

佚名《天寒翠袖图》一富室女，若忧思状。披帛衣飘飞。

绿　金
　　红
　　白

衣裙皆桔黄色

青

披帛作青白相间，直条

红

南宋·牟益《捣衣图》

30名妇女衣饰全同,即:1.窄衫长裙,披巾;2.发式多作大福盘,仅三人双髻,无首饰;3.衣斜领,开领低而裙束高;4.均在室内与院庭中。此点与《女孝经图》相同。这种普遍性,与《清明上河图》街巷中无一此装妇女的情况联系来看,说明上衫下裙多为宋代妇女居家时的服装。

六、女子服饰

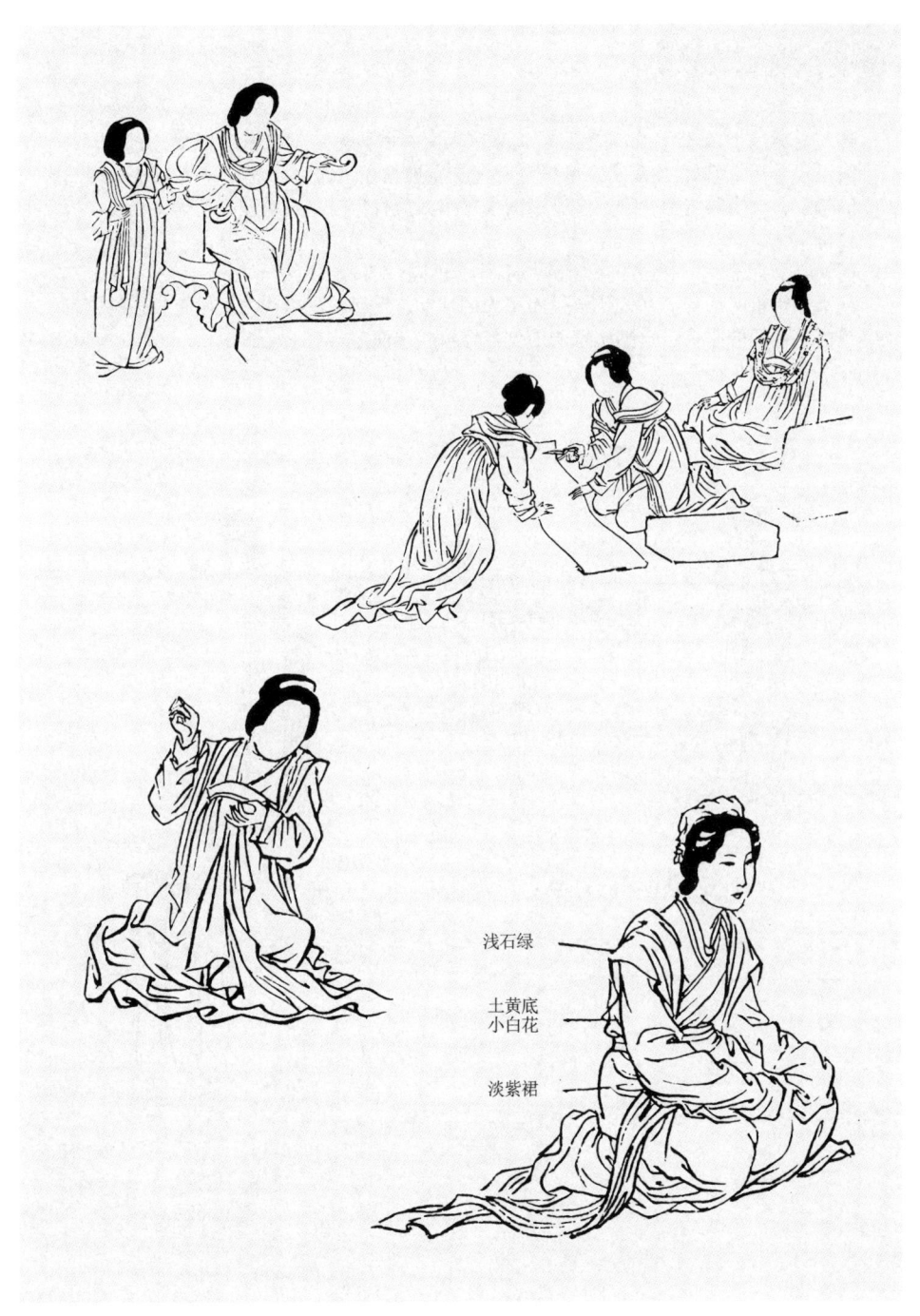

浅石绿
土黄底
小白花
淡紫裙

141

大宋衣冠

侍女·女佣

据《梦粱录》所云："如府宅官员，豪富人家，欲买宠妾、歌童、舞女、厨娘、针线供过、粗细婢妮"，南宋京城里有专门从事推荐介绍的"行老"。靠生活服务度日的妇女，在当时为数甚众。宋高宗的生母韦太后青年时，就曾在一退休宰相家中当过侍女。

侍女与女佣之别，仅仅在于年龄与工种的不同。前者即所谓"贴身丫头"，后者多从事较粗重的活计。在宋代，受雇于人的侍女、女佣，比唐代的女奴有较多的人身自由。她们的服式，自随主家的地位与经济状况而定。

《捣衣图》中的侍女，窄衫长裙披帛。

《中山出游图》中随行的侍女，长褙着裤。

六、女子服饰

出土宋女俑。左为窄衫长裙,右为短褙长裙。裙式均为百褶裙。

四川大足石刻中,一倚门而望的侍女,服式同上。

大宋衣冠

图像取自王诜《绣栊晓镜图》、《文会图》、山西广胜寺元代壁画、江苏江阴县北宋"瑞昌县君"孙四娘子墓俑。

金
红杆
黑
红带
浅赭底白花

《抚松赏月图》之宫中侍女，衣裙华贵，有项链，衣领作圆弧边，为宋画中少见之例。

六、女子服饰

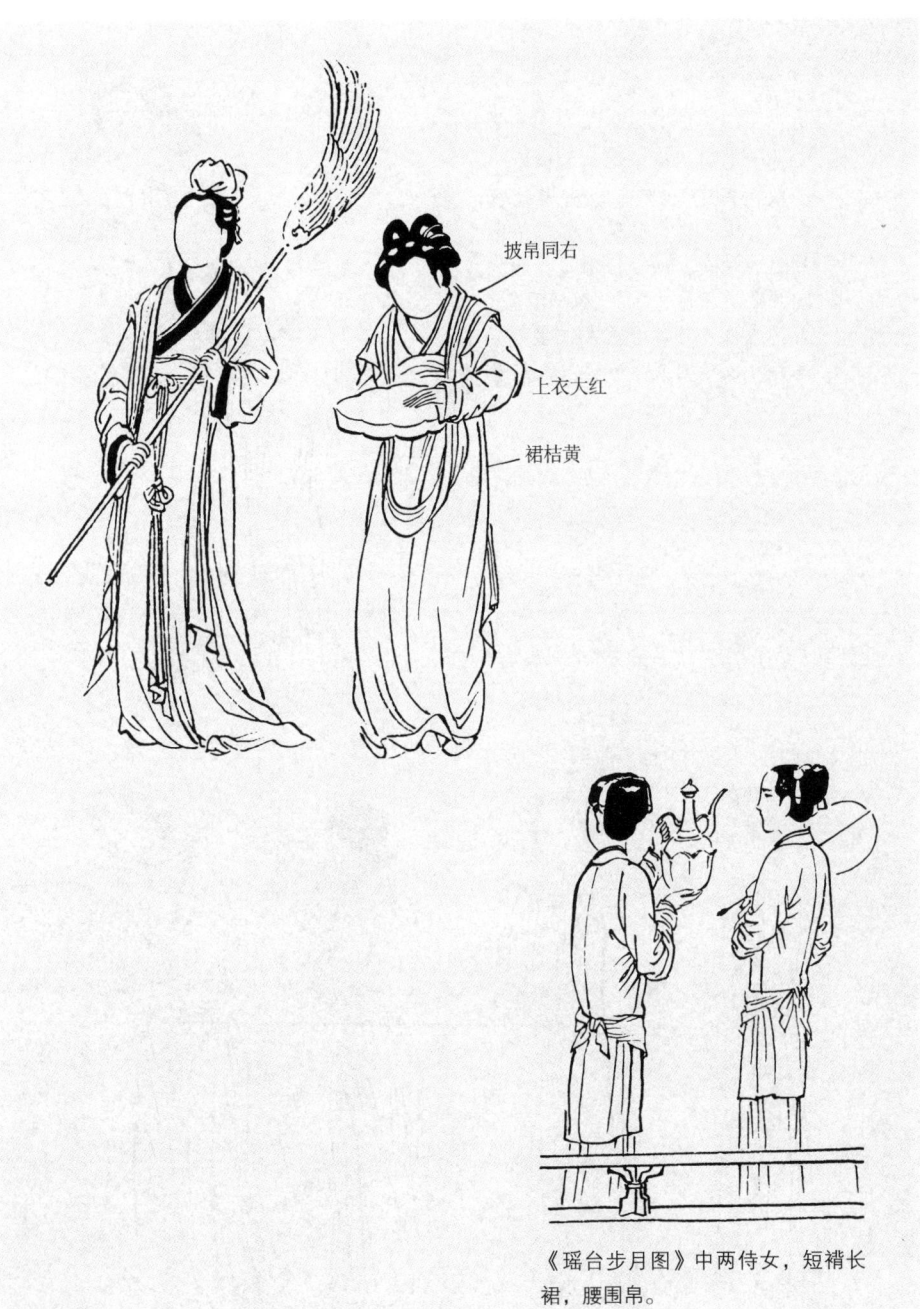

披帛同右
上衣大红
裙枯黄

《瑶台步月图》中两侍女，短褙长裙，腰围帛。

男装侍女

宋画中不时可见着男装的侍女，不仅民间有，宫中也多男装宫女，女乐工也多此装，显然为取其简约利索，便于任事。其服为圆领窄袖长袍，围护腰，束带，着靴或鞋。外观上除发式多为双垂鬟外，与男僮无异。另，凡此装者均为少女。

红

淡蓝

白

白

红

六、女子服饰

长褙子

土黄5人

大红底
黑边白花

浅紫2人

白裙

左为徽宗之韦贵妃，即宋高宗之生母，被金兵俘虏，押于汴京郊外。由此推论，这长至足上的褙子，可能是贵妃平日的外衣。其后宫女环立，共7人，褙子均短，无过其者。但长褙也非贵妇的专利，下页2人为山西晋祠宫女彩塑像，与其他宫女的不同，一是均为中年妇女，二是表情冷漠，甚至阴狠，皆为宫女之"领班"。

147

大宋衣冠

红底白细边
浅蓝边
赭
内衣青
深红
蓝边
内短褡红底黄边
内桔黄色长袍，下摆施褶。
上马裙深蓝白边
浅黄宽腿裤
黑面白底尖头鞋

山西晋祠宫女彩塑像

刘宗古《瑶台步月图》中两妇衣冠华丽。说明长褡是一种比较贵重的服装，一般平民妇女是穿不起的。

148

六、女子服饰

短褙子

河南白沙宋墓壁画《梳妆图》中墓主妇与侍女着短褙子。

河南偃师宋墓画像砖中之女厨工,上着短袖褙子。

李嵩《骷髅幻戏图》中之少妇,说明南宋杭州仍行此装。

大宋衣冠

开元寺壁画中的"供养人",16名留下姓氏的中年妇女均着此装,无一例外。

《清明上河图》中着短褙子的妇女,共5人,均为市民。

四川大足石窟中着半袖短褙的妇女。

河北井径县宋墓画《捣练图》中的妇女,皆上短褙下百褶裙。

从以上各例可以看出,短褙子是中小地主家庭主妇、劳动妇女、城市中下层妇女的通用服装。从图例看,均为春秋季之外上衣,内着抹胸,仍有唐代遗风,裙下着鞋。唯一区别在于褙子之袖有长、短二式。

六、女子服饰

山西襄汾金墓浮雕砖上两个生活实感很强的妇女,皆包髻,对襟窄袖长褙,内裙。左:袒上胸,与宋画中的一些形象相同。右:手持镜包。褙稍稍短。二妇为金占区内的汉人,故着宋装,金墓雕砖、壁画中有不少形象与此相同。

山西稷山县金墓中的女主人均作此装如下:盘髻,对襟窄袖长褙,左右开钗,内上衣左衽,下裙,鞋尖微翘。可见这种服式,是当时主妇们通用的服装。

151

山西闻喜寺金墓壁画《从二十四孝图》中4例，①②衣式相同，皆对襟窄袖长褙，内上衣下裙，左衽。③曹娥，衣全白，裹巾披发，当为宋金时的丧服。④山西长子县金墓壁画中的一女正在卖柴，腰系围裙，袖口结束，天足麻鞋，是画中少见的村妇形象。

① ② ③ ④

六、女子服饰

山西青龙寺元初壁画两个路遇的妇女相揖为礼。妇女因多首饰，一般场合不施跪拜叩头礼。左戴软帽，长袍；右包髻，襦裙，均与宋代女装有所不同，女装长袍尤为少见。

二妇衣式均外着长褙子，下长裙。

山西繁峙县岩上寺金代壁画中一个带小儿上街的妇女，其服为上袄下裙。

大宋衣冠

此列9例，均村妇民女。①为侍女，②~⑨均为村妇。②④⑤⑥⑦之包髻皆青黑色，几不可辨。②④之裙也不同于直筒式的褶裙，似围身布的加长。③~⑨裙下露出裤管。观其上衣，除⑧不明外，均为袄或襦，不同仅在于是否塞在裙内。袄与襦是斜领，褙子是直领，腋下左右开衩；《清明上河图》中就找不出穿袄襦的京城妇女形象，说明褙子是女装中盛行的外衣，而袄襦只在乡村中仍作外穿的上衣。⑧⑨头上所裹之物即为"盖头"，与北方的包髻明显不同。

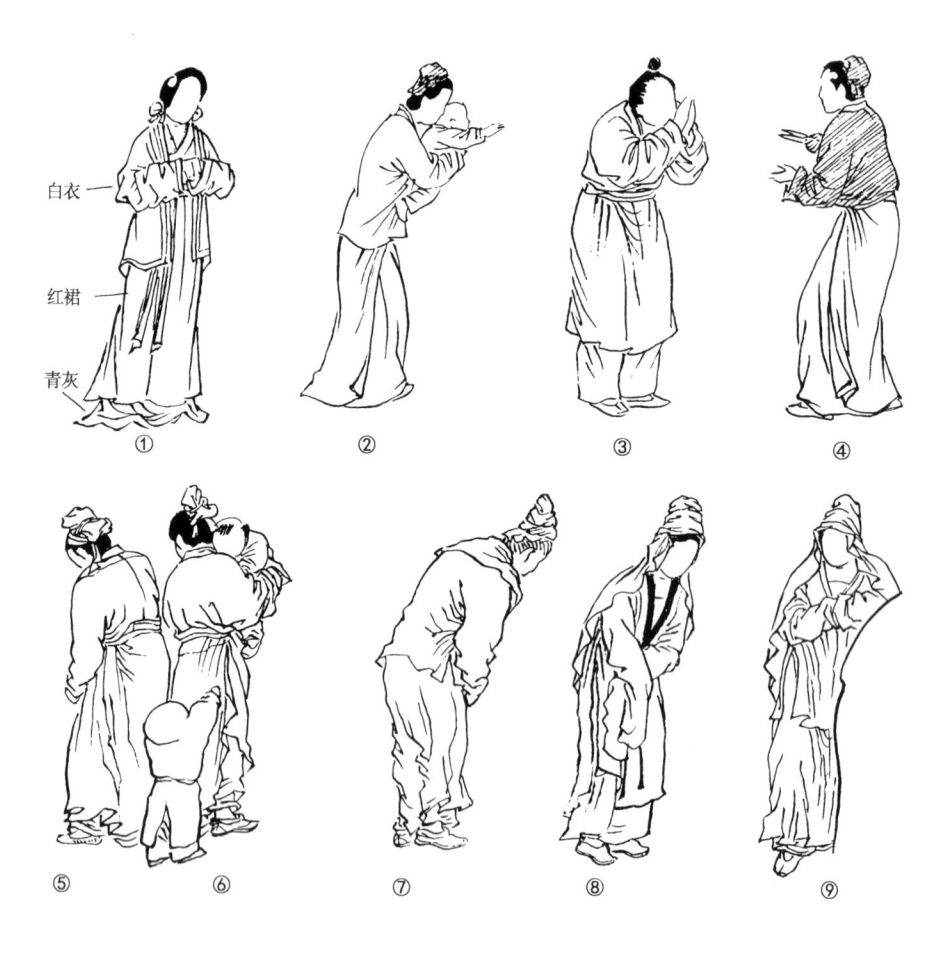

白衣
红裙
青灰

① ② ③ ④
⑤ ⑥ ⑦ ⑧ ⑨

①开元寺壁画；②④佚名《蚕织图》；③《回銮图》；⑤~⑨《望贤迎驾图》

六、女子服饰

平民妇女,包括市民、农民、手工业者、商贩家的妇女以及靠自己的劳动生活的女佣、侍女、乐工、演员等。宋代劳动妇女为数甚多,在宋画及雕塑中留下不少形象。

李嵩《货郎图》中两个京城民妇,发髻部分全用布包裹,属盖头的一式。右一人上着窄袖短褙子。裙上似为抹胸,其裙非直筒裙,而类围身裙。内裤,着软底鞋袜。左仅上衣下裙。

155

北宋王居正《纺车图》中的婆媳俩。皆上衣下裤,均不裹足,着袜鞋。可见北宋妇女长裤不外穿之说并不成立。南宋画中劳动妇女长裤外穿的例子更多,表明已有取代上衣下裳的趋势。

六、女子服饰

陈居中《胡笳十八拍》中在街巷行走的妇女，均上衫下裙。

大宋衣冠

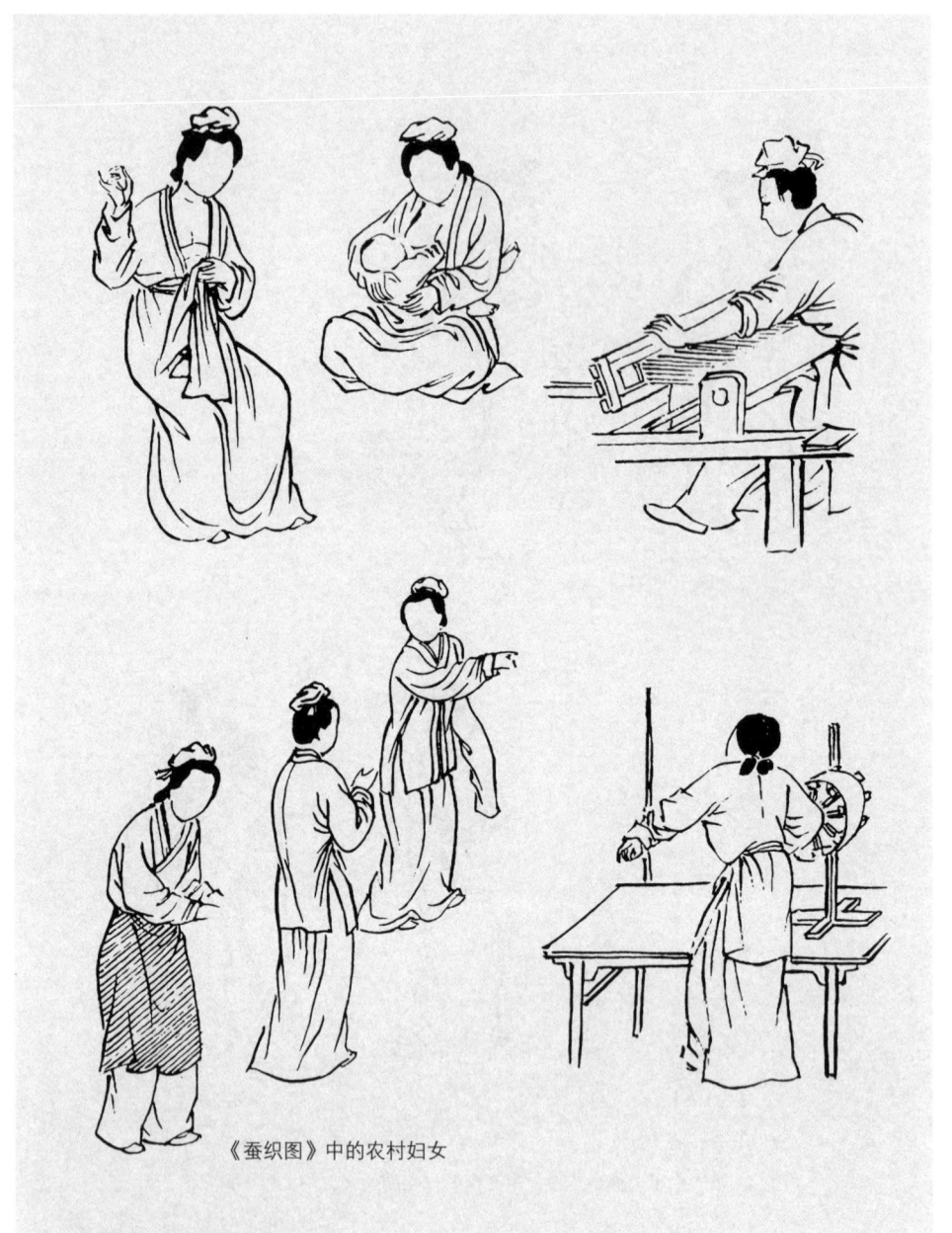

《蚕织图》中的农村妇女

包髻皆青黑色，衣裙裤或白、青、灰，服式或短褙长裙，或上衫下裙，或围身裙内着裤，此当为江南农村已婚妇女之常式。

六、女子服饰

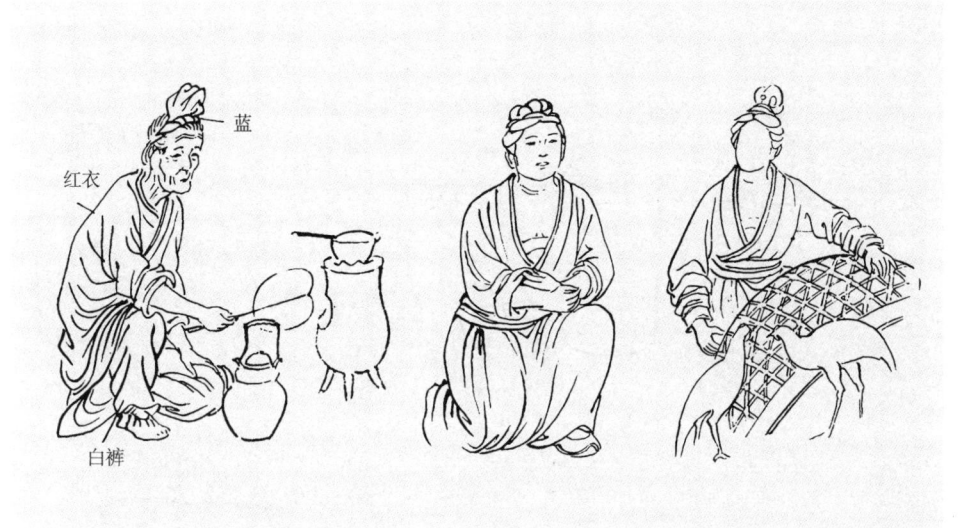

蓝
红衣
白裤

钱选《卢仝烹茶图》中一个煮茶老婢　　四川大足石刻中两农妇

梁楷《八高僧图》中两村妇也着长裤，说明妇女着裤外出劳作已极流行。

开元寺北宋壁画中裸露上身的织妇

159

大宋衣冠

苏汉臣《浴婴图》中两个为小主人沐浴的侍女

六、女子服饰

山西襄汾金墓雕砖中的女厨工,正在切菜。包髻,斜领上衣,裹围布。

河南温县宋墓雕砖中的两女佣。左拎袖剖鱼,戴袖套,裹围布。上穿窄袖长襦,下裙。右短褙长裙,正在抹拭饮具。二女均顶元宝冠。

161

大宋衣冠

领、袖沿红色

灰蓝

霞帔绿

红

罩衫

绿

红

白

白

领、袖沿金色

绿有花披帛深

开元寺北宋壁画中之后妃、贵妇及侍女，多与求佛有关。故其所服似非生活中之常服。

正面

背面

四川大足石刻霞帔系结法

开元寺壁画

六、女子服饰

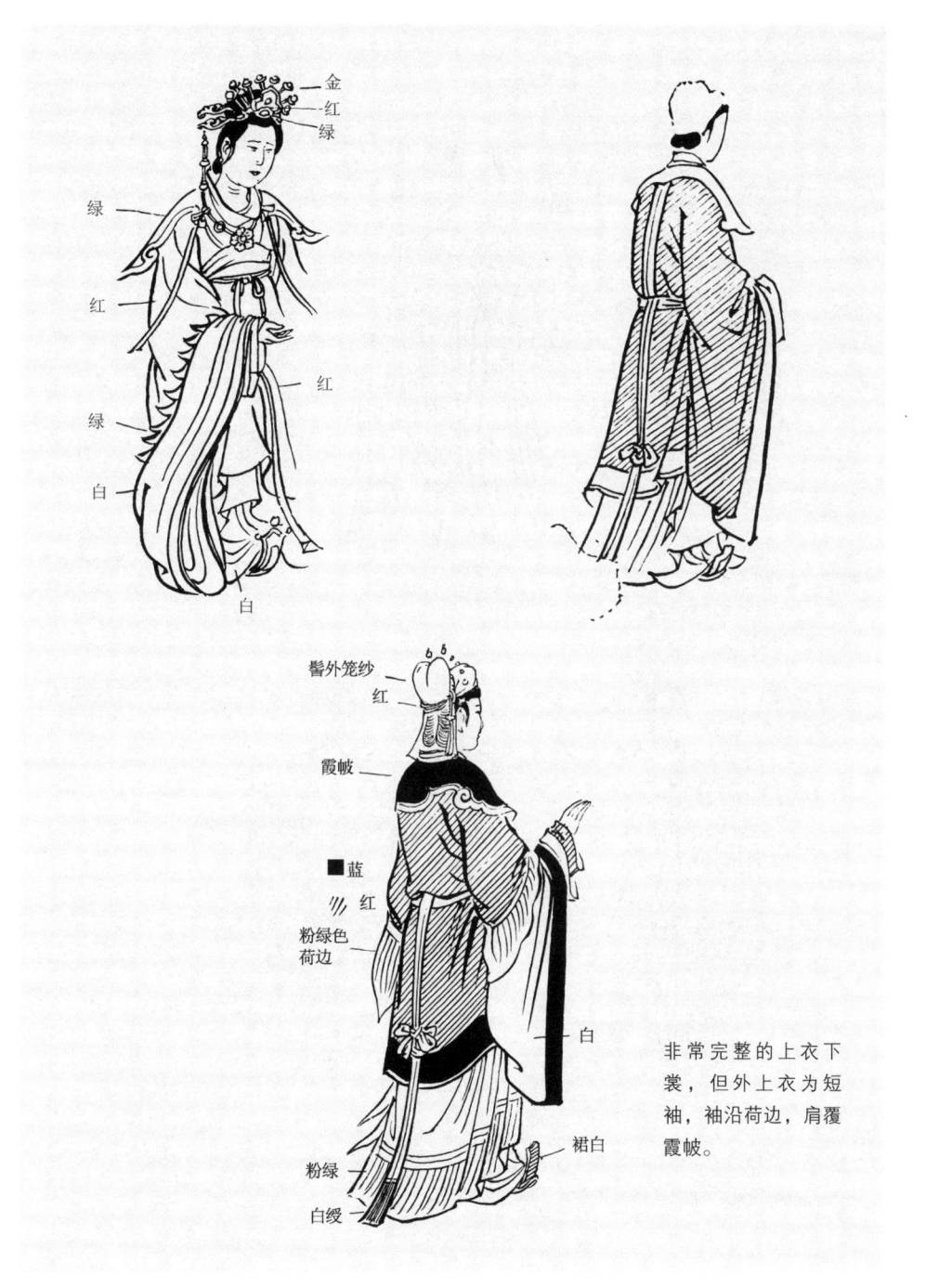

金
红
绿

绿

红

绿

白

红

白

髻外笼纱
红

霞帔

■蓝
／／／红

粉绿色
荷边

白

裙白

粉绿
白绶

非常完整的上衣下裳，但外上衣为短袖，袖沿荷边，肩覆霞帔。

163

大宋衣冠

披帛

无装饰边短袖

《七十八神仙图》中女神均服上衣下裙,为神化而加上种种饰物,如带、缨、佩等,真貌反不详。现将此二女之夸张饰物去除,其服制即明。

七、儿童服饰

童装，是一个现代概念，古时没有专为儿童设计制作的衣服，只是成人衣服的缩小。从宋画看，宋代儿童在衣着、化装方面不同于成人的，有下四点，即1.发式变化多；2.衣服颜色不犯禁，多较鲜明；3.较明显地使用少数民族服饰；4.没有成人服饰中繁琐的等级区别。

"童装"本身，仅贫富、寒暑、长幼之别，且幼童服装的性别区分也不大。

大宋衣冠

童装

红底小白花
红底黄细纹
发式称"满头吉（髻）"
淡赭底白花
白
红底小白花
淡粉绿底白花
青灰边
红
白
青灰
黑鞋

佚名《冬日婴戏图》中的姐弟俩

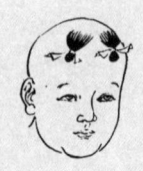

李公麟《维摩演教图》这是两种小髻的打法。可见变化很多。

166

七、儿童服饰

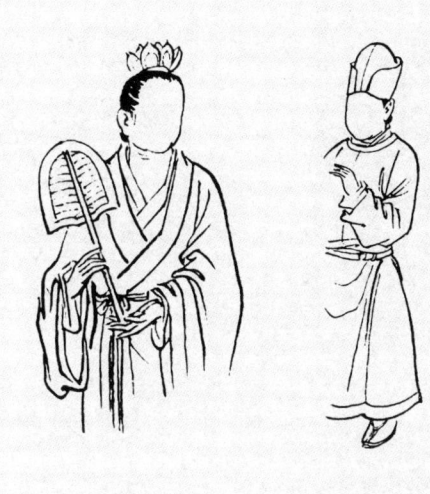

山西宋元壁画中少年老成的王子

冠礼、笄礼

古代,男十六、女十三岁算成年,分别要举行冠礼与笄礼,需改变发式,象征迈入成人阶段。宋代规定:"男十五、女十三以上,并听婚嫁。"所以,宋代人的童年、少年时期是很短暂的。山西宋元壁画中年龄稍大的少年形象,已显得"少年老成"了。

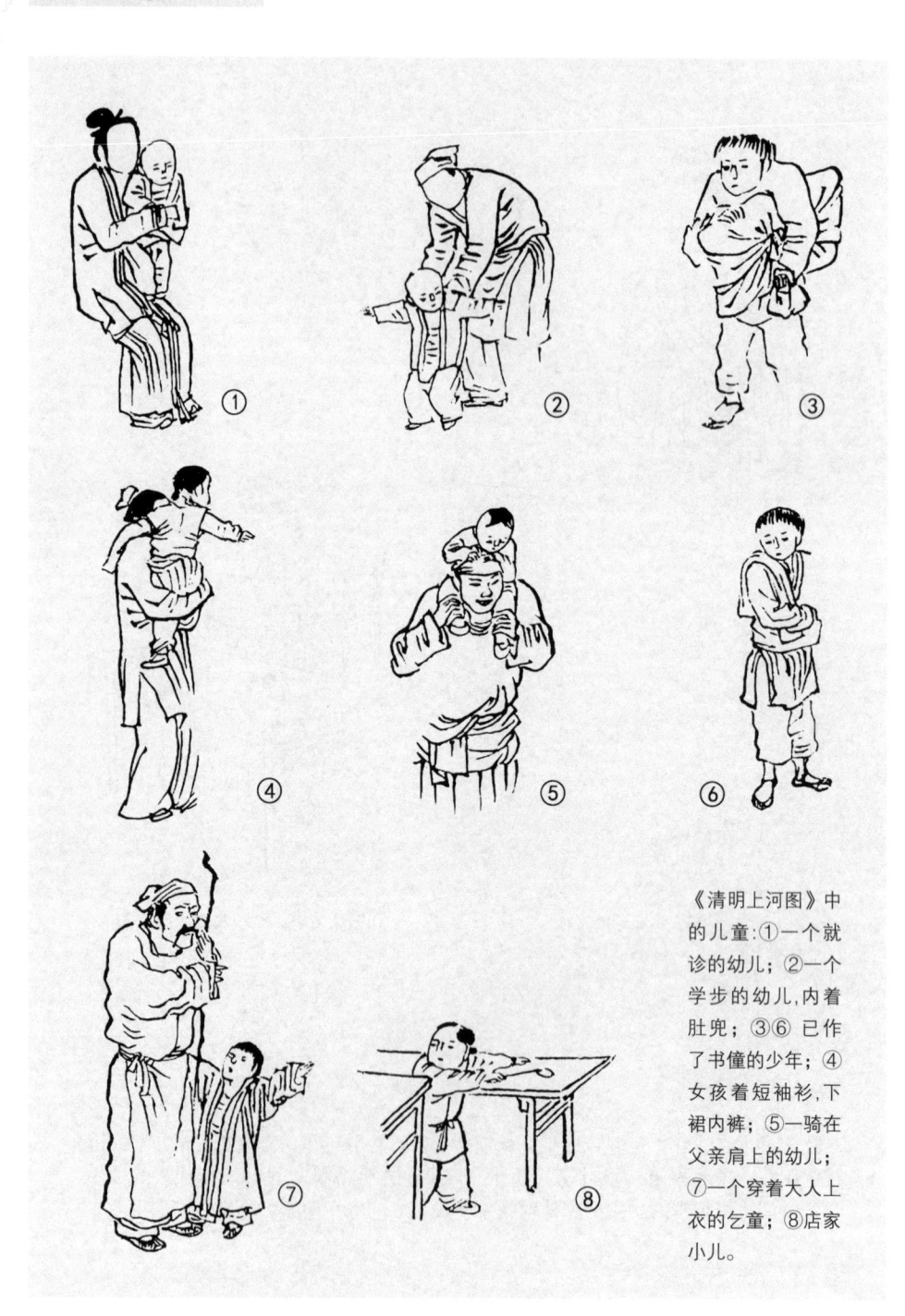

大宋衣冠

《清明上河图》中的儿童：①一个就诊的幼儿；②一个学步的幼儿，内着肚兜；③⑥已作了书僮的少年；④女孩着短袖衫，下裙内裤；⑤一骑在父亲肩上的幼儿；⑦一个穿着大人上衣的乞童；⑧店家小儿。

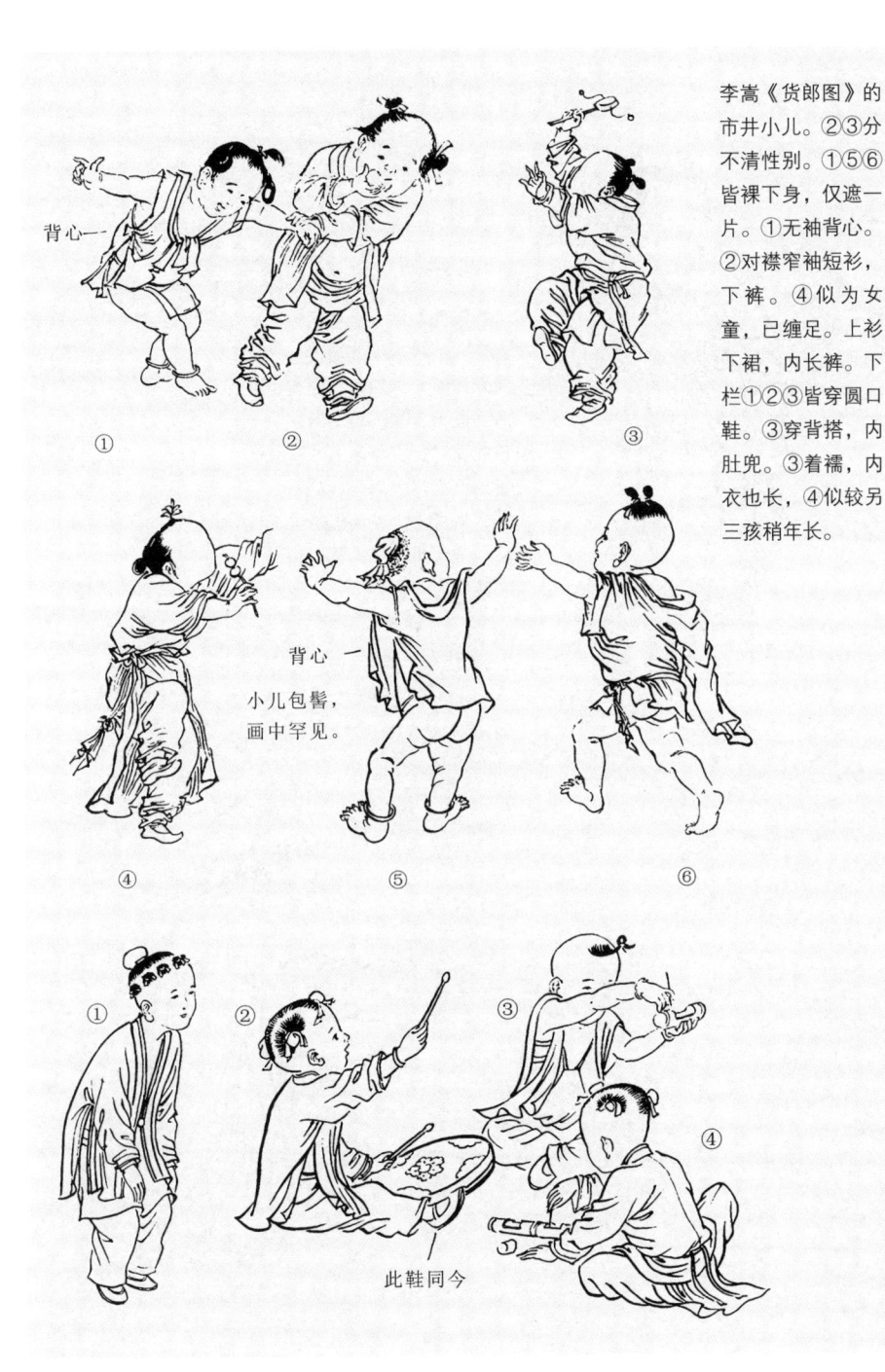

七、儿童服饰

背心—

① ② ③

背心—
小儿包髻，
画中罕见。

④ ⑤ ⑥

李嵩《货郎图》的市井小儿。②③分不清性别。①⑤⑥皆裸下身，仅遮一片。①无袖背心。②对襟窄袖短衫，下裤。④似为女童，已缠足。上衫下裙，内长裤。下栏①②③皆穿圆口鞋。③穿背搭，内肚兜。③着襦，内衣也长，④似较另三孩稍年长。

① ② ③ ④

此鞋同今

《货郎图》中一个缠足的女童。五代前无此恶习,北宋始盛,南渡后传至南方,逐渐普遍。但车若水首先反对,程颐后人家中始终不缠足。入元,妇女"人人相效",至明清尤盛。宋代不少文人都有诗文赞美这一陋习。

佚名宋画《蕉荫击球图》,男孩着窄袖左右开衩长衫。其所玩之球竟似乒乓球,不知体育史家识此否。

七、儿童服饰

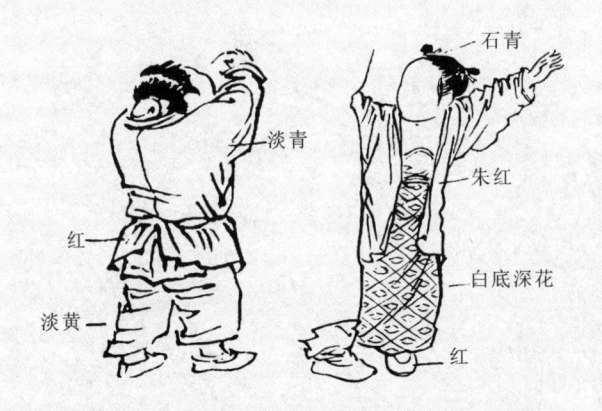

《望贤迎驾图》的村童，是村民中唯一服色鲜丽的一群

171

大宋衣冠

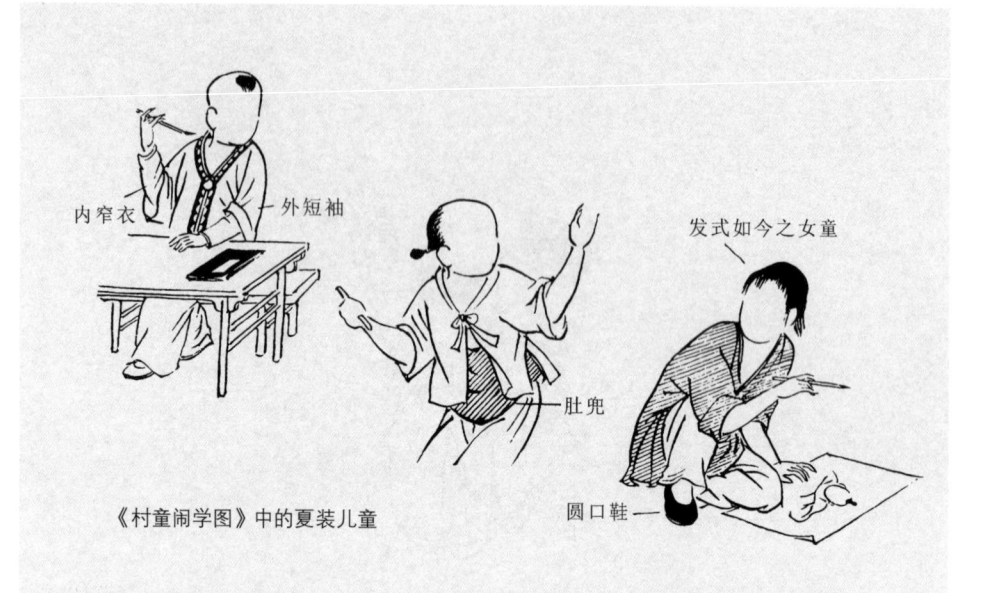

内窄衣　外短袖

发式如今之女童

肚兜

圆口鞋

《村童闹学图》中的夏装儿童

佚名《小庭婴戏图》中四个男孩的衣料均薄而透明，故当为贵宅儿童的夏装。衣色均浅，上衣均为对襟，腋下左右开衩。下裤裤管较宽大。鞋均浅帮薄底。左一童胸所挂为吉祥物，宋画男孩多有此。

七、儿童服饰

苏汉臣《秋庭婴戏图》中的姐弟俩

（标注：蓝、白、淡紫、白底暗花、赭、赭底白花、白底浅花、青、白、赭红）

苏汉臣《杂技戏孩》中两男孩，着春秋装

（标注：蓝、红、橙）

《岁朝货郎图》中的冬装儿童。

（标注：毛领、背心）

173

大宋衣冠

— 这个小孩穿的全是成人服装，就像个小老头了。

苏汉臣《货郎图》中的四男孩，均戴金人之狸帽，着靴。

苏汉臣《戏婴图》，画的也是夏装，衣极薄。坐地一孩之鞋头似有虎头图案，手足均有镯，因知当为贵宅之儿。

七、儿童服饰

布裙

狮子舞（出土地同前）。敲锣者为指挥，前一儿牵引，后二儿持球逐狮。

二儿各执一布狮，似为舞狮时之引舞人。

敦煌宋61窟壁画《法华经变图》中的舞童。

175

大宋衣冠

宫中翰林司中负责供应茶汤的"药童"。

宋徽宗《文会图》画宫中所办文人聚会,宴桌旁一组五人,除一名黑衣小吏外,余四人皆为少年,衣着鲜亮,正忙着各自的工作,两桌上及近旁放着各种必备之物。这些少年,可能就是负责供奉茶酒的翰林司中的"药童"。翰林司属于内侍机关,但药童是否也是阉人,未见明确记载,其来源与去处也无从知晓。

七、儿童服饰

书 僮

书僮是伴随士大夫阶层兴起而出现的一批受雇于人的青少年服务者，也因主人的地位、经济条件不同，有着不同的境况。从服式来看，基本上是上衣（衫、襦）下裤。②③是官宅书僮，衣着鲜美；⑤是乡绅的书僮，穿着无裆的裤，与前数例的境遇有天渊之别。

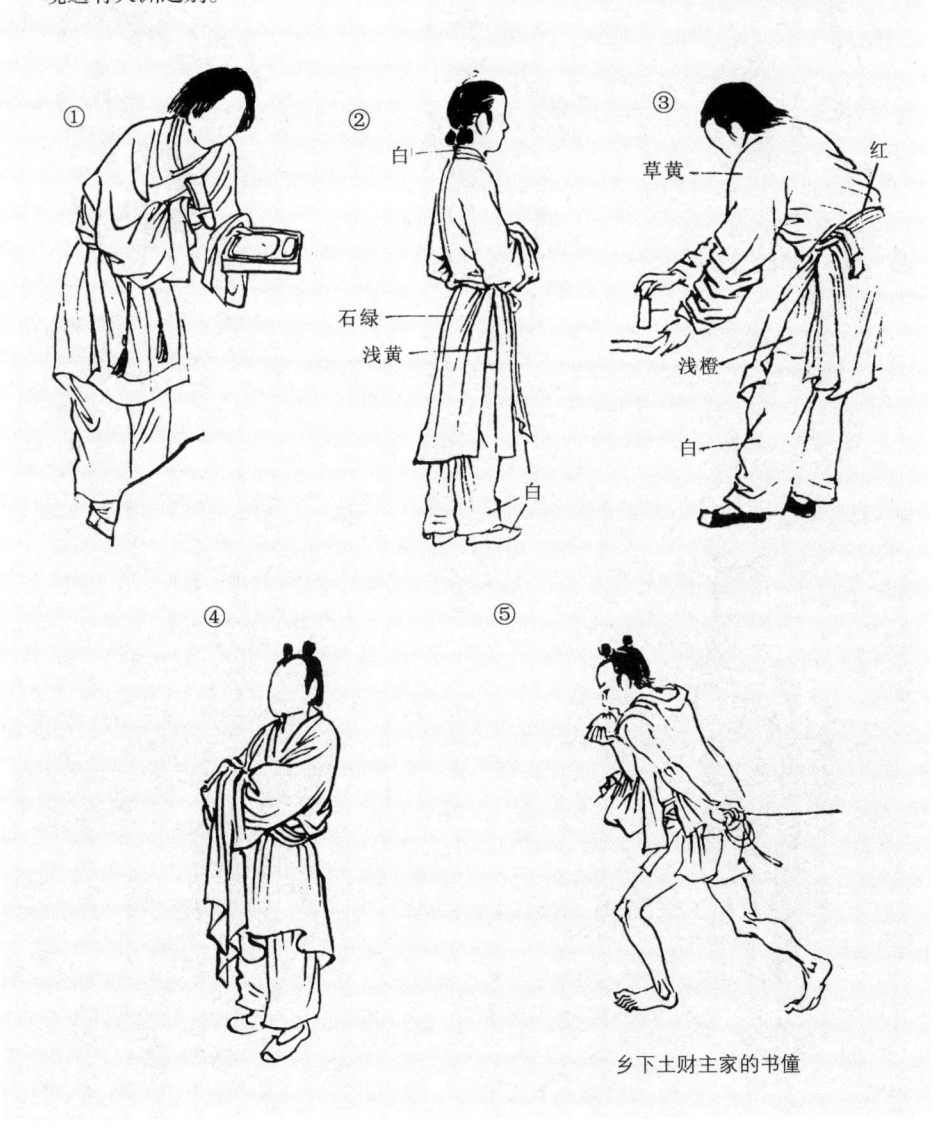

①

② 白 / 石绿 / 浅黄 / 白

③ 草黄 / 红 / 浅橙 / 白

④

⑤ 乡下土财主家的书僮

177

大宋衣冠

唐宋元明清绘画中的书僮,几乎都是这种服式,上襦下裤,历千年不变。

⑥ ⑦ ⑧

马远画中二书僮　　　　　　　　　刘松年画中之书僮

五代·孙位《高逸图》中之书僮

元·王振鹏《伯牙鼓琴图》中之书僮

七、儿童服饰

牧 童

这七个牧童形象全出自南宋画家的笔下，由此可知宋代农村少年儿童的服装之大概。村童的发式，是当时的流行式，与城市无异，仅无饰物，连一块布帛包髻也没有。服式也无装饰。①所穿之鞋显然是大人的，画家借此细节表现牧童的贫寒。⑥⑦之蓑衣是草编的，不是棕编的。

①②③④阎次平《牧牛图卷》

大宋衣冠

⑤佚名《柳溪归牧图》

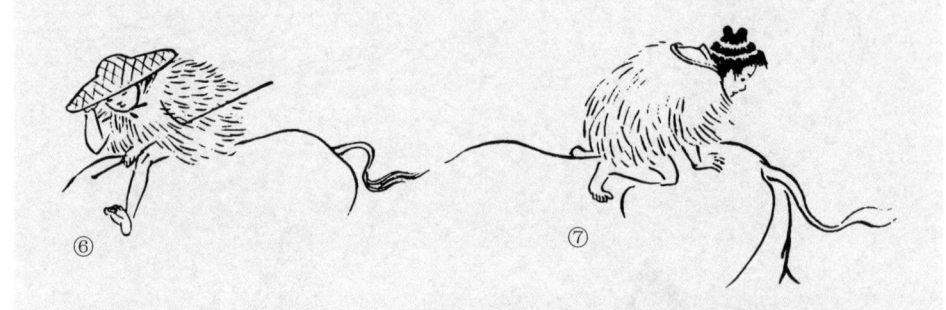

⑥⑦李迪《风雨归牧图》（作于1174年）

八、僧道之服

佛教到宋代已完全中国化。因宋太祖、太宗信佛，全国僧尼达46万余众。宋真宗、徽宗推崇道教，南渡至杭新建十大御前宫观，盛极一时。但从总体看，仍是佛教影响大于道教。士大夫谈佛谈禅多，信道的少。苏东坡有不少僧友，李公麟、刘松年、梁楷都好画佛。佛道之别在于，前者求来世之福，道教求今生之福，所以得势求道，失意求佛，士大夫可得两全。梁楷画佛又画道，为后人留下了齐全的资料。

僧人服装

浅茶灰

灰黄底
灰蓝条纹

朱红鞋带

石绿袍
白袜
灰黑鞋面

南宋周季常、林庭珪《五百罗汉图》中的和尚

八、僧道之服

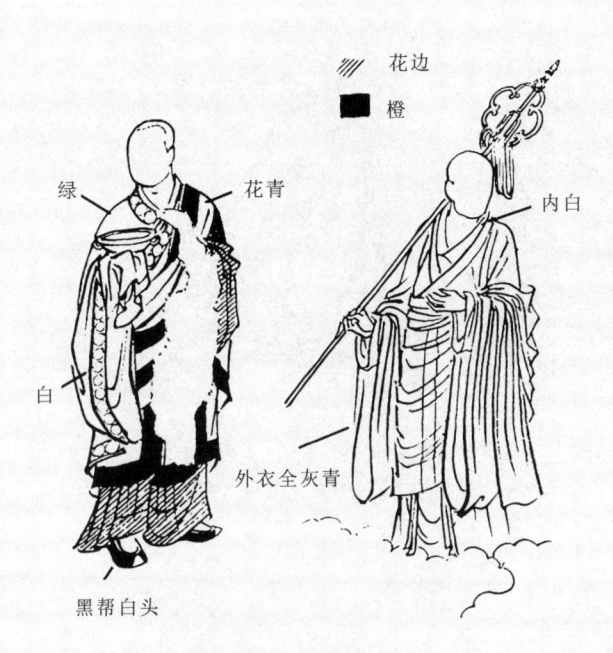

花边
橙

绿
花青
内白
白
外衣全灰青
黑帮白头

开元寺壁画中之僧人

领、袖沿内均有细密花纹

鞋式与刘松年画中相同

由入宋日僧携归之宋高僧《无准禅师像》（无准又称佛禅师）

183

大宋衣冠

似为唐卷草纹

北宋西金居士《十六罗汉像》中之二幅，二人皆胡僧形象。法衣鲜丽，器皿华贵，反映时人对佛的敬慕及高僧生活的奢华。

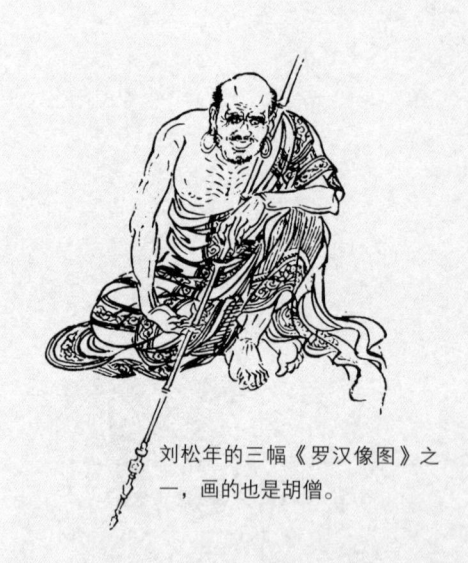

刘松年的三幅《罗汉像图》之一，画的也是胡僧。

李公麟《洗象图》中，宋僧只是胡僧的侍仆。

八、僧道之服

①②③张激《白莲社图》，其僧服基本相同，仅是在传统的斜领宽袖长袍外，加一袭袈裟。④南宋僧法常《罗汉图》。

185

佛教造像

南宋四川大足石窟中的佛教造像，造型准确，神态优雅，雕刻手法简洁凝练，别具美感，足与敦煌唐代石窟造像媲美，也是研究宋人服饰的完美课堂，惜少有用心于此者。

唐代观音（洛阳龙门万佛洞）

南宋观音（四川大足）

八、僧道之服

宋代飞天（四川大足）

宋代六臂观音

宋代数珠手观音

行脚僧

所谓行脚僧，指随处参访、行踪无定的僧人。他与"游方道士"同属一类，合称"云水之士"。

① 《清明上河图》中之僧人

② 唐玄奘图

行脚僧，背一竹制的行李架，绑腿，着草鞋。架上垂一油灯，似为夜行照路之用。

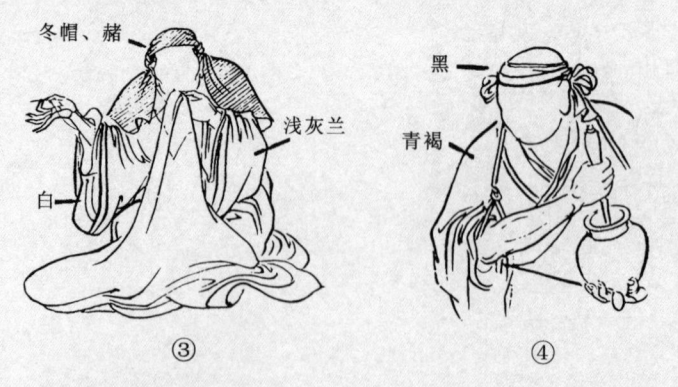

③ 冬帽、赭 / 浅灰兰 / 白

④ 黑 / 青褐

二例见刘松年《补纳图》。①戴冬帽，其制与文人之风帽相类；②仅裹一巾而露后脑，似抹额。

八、僧道之服

僧 帽

做法事戴的僧帽，红底金边

冬帽，见四川大足石窟地藏王菩萨之帽

芙蓉帽（僧伽帽）

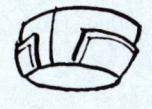

毗庐帽

道　士

道教是宋朝国教，欲求仙以长生不老，永享富贵。所以道教的仪仗及服色，都照搬现实加以神化。《朝元仙杖图》及梁楷之《黄庭经图》中都有反映。道士服式从下列数例看，均为宽袖大袍，其内上襦下裙，外出也然。在宋徽宗时，道士是很受皇帝优待的职业，人称其为"金门羽客"。

①正在说道的道长
②③④正在作法的道士（均见《黄庭经图》）
⑤上街的道士（《清明上河图》）

八、僧道之服

道　姑

北宋何允画的道姑

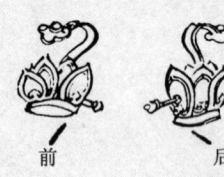

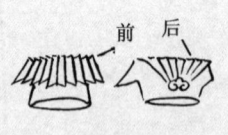

大宋衣冠

道 冠

前　后

束髻冠

前　后
道帽
雷巾

八、僧道之服

道　袍

灰

白

浅黄

黑边

绿

灰绿

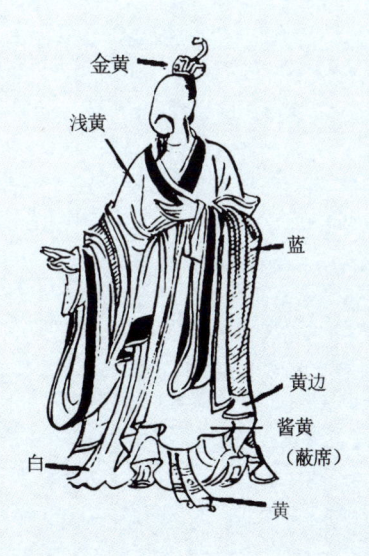

金黄

浅黄

蓝

黄边

酱黄
（蔽席）

白

黄

193

大宋衣冠

上衣下裳合在一起的大袍

鹤氅

九、乐舞服装

宋代继承唐朝传统，在宫中设置音乐舞蹈创作演出机构，仍称"教坊"，但人员大为缩减。"队舞"是宋宫最具特色的舞蹈表演形式，分为小儿队、女弟子队。担任伴奏的乐队，称"仙韶院"（部），行当齐全。队舞已非纯抒情舞蹈，因加入了叙事部分，诗词、致语、歌唱、对白，与舞蹈穿插进行，已具一定的剧情。为适应剧情需要，参演者的脸部化妆和"戏服"，都有了明确的规定和样式。宋代的民间舞蹈，得利于商业的空前繁荣和市民阶层的兴起，更加世俗化、剧情化。民间队舞与体育、杂技等表演汇聚一时，共同组成了宋代城乡节庆活动精彩纷呈的大汇演，堪称是中国古代舞蹈史上最光辉的一页。时至今日，我们还能在乡间看见从宋代直接传承下来的充满欢乐的队舞表演。令人不由真切地感受到传统文化的穿透力是多么强大。

大宋衣冠

宫廷乐队

河南温县出土砖雕《乐部图》，表现了时称"教坊大乐"的宫廷乐队。乐队乐器定为琵琶、箜篌、五弦琴、筝、笙、觱栗、笛、方响、羯鼓、杖鼓、拍板。并设乐队指挥一人，"执竹竿子"，"主麾举偃"（指挥奏乐与休止）。图①即指挥，②琴师，③④杖鼓，⑤笛，⑥方响。①②⑤⑥皆"幞头、公服、腰带、系鞋"，③④外宽衫，内窄衫，戴袖套。以上乐队服式，辽金均同。

乐师穿戴如同官员，说明他们是在编的"以艺侍上"的专业技术人员，皆有不低于九品的官阶。

九、乐舞服装

武宗元《朝元仙杖图》中的一支乐队。琵琶二，杖鼓、排箫、笙、笛、箫各一。她们是道教中的"仙女"，当据生活实样加以神话而成。下页为赵伯驹《汉宫图》，画贵妃游归时之随从乐队，女乐工十五人。

大宋衣冠

内排箎三、笙二、手鼓二、箫二，杖鼓、腰鼓、拍板各一，衣装华丽而写实。其中①似有霞披，③⑪⑫女着男装，④⑤似为包髻，②似着短袖外衣，⑨⑩似莲冠或元宝冠，除⑫着浅紫外袍，余均着浅色近白衣裙，无一重色。另有二女似抱琵琶，因不清未画入。赵伯驹兄弟是宋宗室，故其《汉宫图》应是托汉之名而画宋宫之实景。

九、乐舞服装

宫架乐
①大鼓　②景阳钟
③节鼓　④笙
⑤笛　　⑥筝
⑦磬　　⑧排箫

马和之《鲁颂图》中之乐队。据《梦粱录》"明堂行禋祀礼"所述，此为宫架乐。专任祭祖及祭神时的伴奏，"乐工皆裹介帻如笼巾，着绯宽衫，勒帛"。图中八人束小冠，可能为附合诗经原意。

199

佚名《荷塘按乐图》中的宫廷小乐队，共十三人，左右吹笛各六人，拍板一人稍前，均女着男装，一律红帛双髻，圆领窄衫，围腰束带，露鞋尖。
《武林旧事》写德寿宫中秋赏月时云："南岸列女童五十人奏清乐，北岸芙蓉冈一带并是教坊工，近二百人。"图中似即女童清乐演奏之状。所谓清乐，即用笛、笙等一两样乐器演奏的音乐。

前后三排共十二人，四琴、四筝、四笙

九、乐舞服装

中有二女对舞

开元寺壁画《舞乐图》中的女子乐队，左右各六人，依次为①琵琶，②箫，③排箫，④琴，⑤笛，⑥笙，⑦拍板，⑧笛，⑨笙，⑩鼓，⑪串鼓，⑫箜篌（类似竖琴）。从服饰看，右组皆广袖，左组之①②窄袖、莲花冠，余均似包髻，并各披帛巾。包髻皆朱红，后垂之带、绶皆白色，鞋头皆朱红。

大宋衣冠

开元寺北宋壁画中的一支女子小乐队,正在为王妃的祈祷伴奏。

九、乐舞服装

在放大镜下，马远《华灯侍宴图》中的宫中舞队共十六人，皆白衣白裙，右挟一鼓，似为杖鼓舞。

马和之《诗经》插图"七月"。描绘先民们的娱乐活动，为当时农村生活的写照。六人伴奏，一人舞踏。

河北宣化辽墓壁画《乐部图》，其①拍板，②⑥箫，③琵琶，④笙，⑤⑦笛，⑧舞，⑨⑩杖鼓，⑪大鼓，⑫排箫。乐工除⑧外，均戴交脚幞头，着圆领窄袖长袍，束带，着靴。

九、乐舞服装

河南白沙北宋墓壁画《舞乐图》，墓主为兼营工商业的地主。这是一支家庭乐队，五人团冠簇花，四人女着男装，戴花脚幞头加山额，一人花冠。仅舞者及其后吹箫者为男性。

南宋词人张镃家中的私宅舞乐团就多达一百数十人，且多为女性。杭州各大酒楼均自设数十人至十数人的乐队，为顾客助兴，也以女乐为主。所以白沙的这个墓主比起南宋诸公来，不过是"小巫见大巫"。通过这两幅壁画，可以我们了解两宋王公贵宅享乐生活的概况，乐队的分列式与组合以及不同的服式。

大宋衣冠

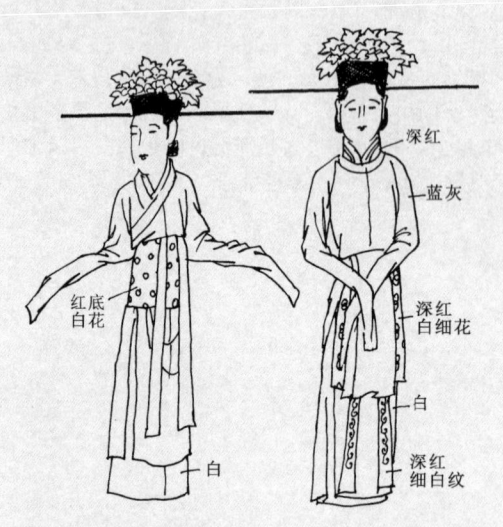

深红
蓝灰
红底白花
深红白细花
白
白
深红细白纹

南宋佚名《歌乐图》中的两个女童演员，与其旁成年女性相比，约不足十岁。

舞者戴花脚幞头贴额，窄袖，裤管结束，以合舞蹈需要。

206

九、乐舞服装

宋代宫廷教坊除乐队外，还包括舞队与杂剧、杂技等演出队。宋宫舞队分小儿队、女队。小儿队72人，分10小队，女队153人，亦分10小队，为皇家庆典献舞。宋代舞队的部分节目，已结合诗、歌表演一定的剧情内容。表演程序是由乐队指挥用竹竿子（指挥棒）引上舞台，然后歌舞，乐队伴奏。曲止舞终退场。

安西榆林宋代38窟壁画《嫁娶图》中的男装舞女，正在贵宅婚宴上献舞娱宾。似为长袖舞（孙景琛、吴曼英著以上均引自《中国历代舞姿》，上海文艺出版社，1982年）。

大宋衣冠

敦煌宋61窟壁画《维摩诘变》中的舞蹈者,在小酒店娱宾。这种未能入"瓦子"(宋代固定演出场)表演的流浪艺人,时称"路歧人",遍布城乡,拖儿带女,临时作场献艺,以觅生计(以上均引自孙景琛、吴曼英著《中国历代舞姿》)。

九、乐舞服装

《中国历代舞姿》中的辽代长袖舞

元代佚名《鬼戏图》中的鬼舞及伴奏乐队，共9人。右3人舞与大傩舞有继承关系，化装也有类似处。乐队中后右1人，似在敲铃或茶杯。南宋杭州卖茶水时，以敲茶杯为号，而未见形象资料，当类此。

民间舞乐

山西新绛县金元墓浮雕砖社火舞队,以小锣为导,共10人,内"乔宅眷"两人一组。据山西考古研究所撰文介绍,舞队"大部为儿童装扮"。从《文物》(1983年第1期)所刊之图看,④~⑧似均戴面具。其中⑤似胡人。"乔宅眷"因男扮女装,同一主题的人物与河南洛宁及南宋画中形象基本相同,可见宋文化的影响。此墓建于元代至元十六年(1279),即忽必烈称帝的第八年、元军占领杭州的第三年。

据《梦粱录》、《武林旧事》等书记述,南宋元宵民间舞蹈,除"乔宅眷"外,还有"乔诸蛮"、"乔判官"、"乔村老"等等,似乎可以从4至8之间找到其影子。同一雕砖中,还有跑驴的形象,但太小,几不可辨。

乔宅眷

九、乐舞服装

"掉刀装鬼"　　　抱锣舞，两人披红发装鬼　　　"乔宅眷"

"携大铜锣，随身步舞"之抱锣舞

每块雕2人，均为河南洛宁上村北宋墓浮雕砖上的元宵民间舞蹈（《文物》1989年第2期）

南宋佚名《大傩图》（局部），画驱逐疫鬼的仪式。大傩，"逐尽阴气为阳导也，今人腊岁前一日击鼓驱疫，谓之逐除是也"（《吕氏春秋》）。

《梦粱录》卷六《除夕》云："禁中除夜呈大驱傩仪"，由皇城司诸班直"戴面具，着乡画杂色衣装，手执金枪银戟、画木刀剑、五色龙凤、五色旗帜"，又"以教乐所伶工装将军、符使、判官、钟馗"等神，"自禁中动鼓吹，驱祟出"皇城，至"埋祟而散"。

大傩仪式，实质上是一种逐疫求祥的民间化装集体舞。全图共12人，脸上画黑点勾线，身挂蛇虫龟蟾，手执扫帚棒锤等物，伴着鼓声，跳跃作舞。

此图造型夸张而细节真实，可补服装史之不足。如①为浑裹，鬓角上有圆环，以系紧额上之绳。③④为方巾，巾上也有圆环。⑤为幅巾，其结系处均用一环，额前作一方绣花。②③腰系荷包，①③④⑤之鞋各不同衣裤沿边作碎花边。这些细节，在一般的记载中是不可能详尽的。

巾

带甚长，而某服装史云无此长带，足见其谬。

九、乐舞服装

南宋《灯戏图》男扮女装的街舞"乔宅眷",是《梦粱录》等书中多次提到的元宵化妆走街庆祝活动中的一个节目。笑料就在这二人中展开。

山西襄汾金墓雕砖。左二人均为女性,圆领窄袖长袍,束带,左簪花幞头,右戴圆帽,持笛作欲吹状,肩后结彩球,与舞者同步起舞,右图背景为伴乐六人:大鼓一,觱篥二,腰鼓二,笛一。舞者二人,女腰系花带,男以手拍击杖鼓而伴之。

大宋衣冠

开元寺北宋壁画中的舞蹈

214

九、乐舞服装

宋代市民阶层的涌现，使"专业舞蹈的主流由富室豪门转向广大市民阶层"，同时，民间舞蹈成为这一时期的主流之一。李公麟《击壤图》之"击壤"，相传起源于夏禹时代，农民击壤嬉戏。此图表现为热烈的群众性舞蹈场面，舞姿奔放爽朗，刚健有力，生活气息强烈。南宋杭州元宵庆祝活动时，有舞队数十支，表演"乔（扮）迎酒"、"乔亲事"、"村田乐"、"杵歌"等一定情节的群舞。

杂 剧

宋代杂剧是广为流传的一个重要演出形式,倍受欢迎,也盛行于金国原北宋统治的中原地区。

据《中国戏曲史话》介绍,宋杂剧其实是综合了表演与歌唱的滑稽戏。在宫中,"散乐传学十三部,唯杂剧为正色",地位最高。杂剧每场四或五人,"末泥"为编导及主管人,"引戏"似副导或舞台调度,"付净"专扮发呆装傻挨打受斥,"付末"负责打趣逗乐,"装孤"是专扮官员的角色。演出时,并非全体上场,而是视情上下。演出程序分三段,艳段一,正杂剧二,杂扮一。演出形式约分二类,一是对话为主的滑稽戏,仅二人,颇似今之相声;二是以歌唱伴舞为主。用鼓伴唱的鼓子词,后来又发展成独立的一种曲艺形式。杂剧的结尾杂扮,南宋时就可单独演出。

杂剧原盛于汴京,南渡后中心移到杭州,与此同时,浙江温州永嘉兴起的杂剧,吸取北方杂剧的表演形式,加上当地的民间说唱技艺,以表演一个完整的故事情节,不同于因题设事的简短形式的杂剧,被称为"戏文",逐渐形成了"南戏",开创了我国戏剧独特的艺术形式与表现程式,但似乎没有留下形象资料。

九、乐舞服装

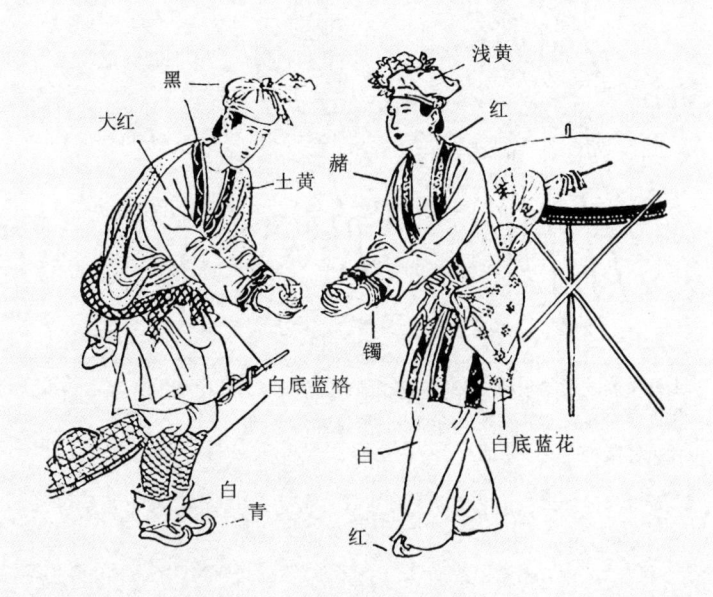

杂剧在围有彩绘栏杆的舞台上进行，这种舞台时称"勾栏"。杭州众安桥北瓦子有勾栏十三座，可以上演十三种不同形式与内容的节目。尚无资格上勾栏演出的杂剧艺人，与其他流浪艺人一样被称为"路歧人"，只能在街头"逢场作戏"。杂剧中有许多名闻一时的女演员，左二人皆为女扮男的演出相。由于杂剧深受人们喜爱，宋金时期留下的形象资料格外丰富。

217

大宋衣冠

此领为唐式

此脚为晚唐及五代式

浙江黄岩发现的宋初（695）杂剧雕砖。其时杂剧尚保留着唐"参军戏"的痕迹，服饰亦然，制作也较粗糙。

此形象说明指挥制已产生，其左手所执似为牛角号。

九、乐舞服装

宋墓出土雕砖上的北宋杂剧人物

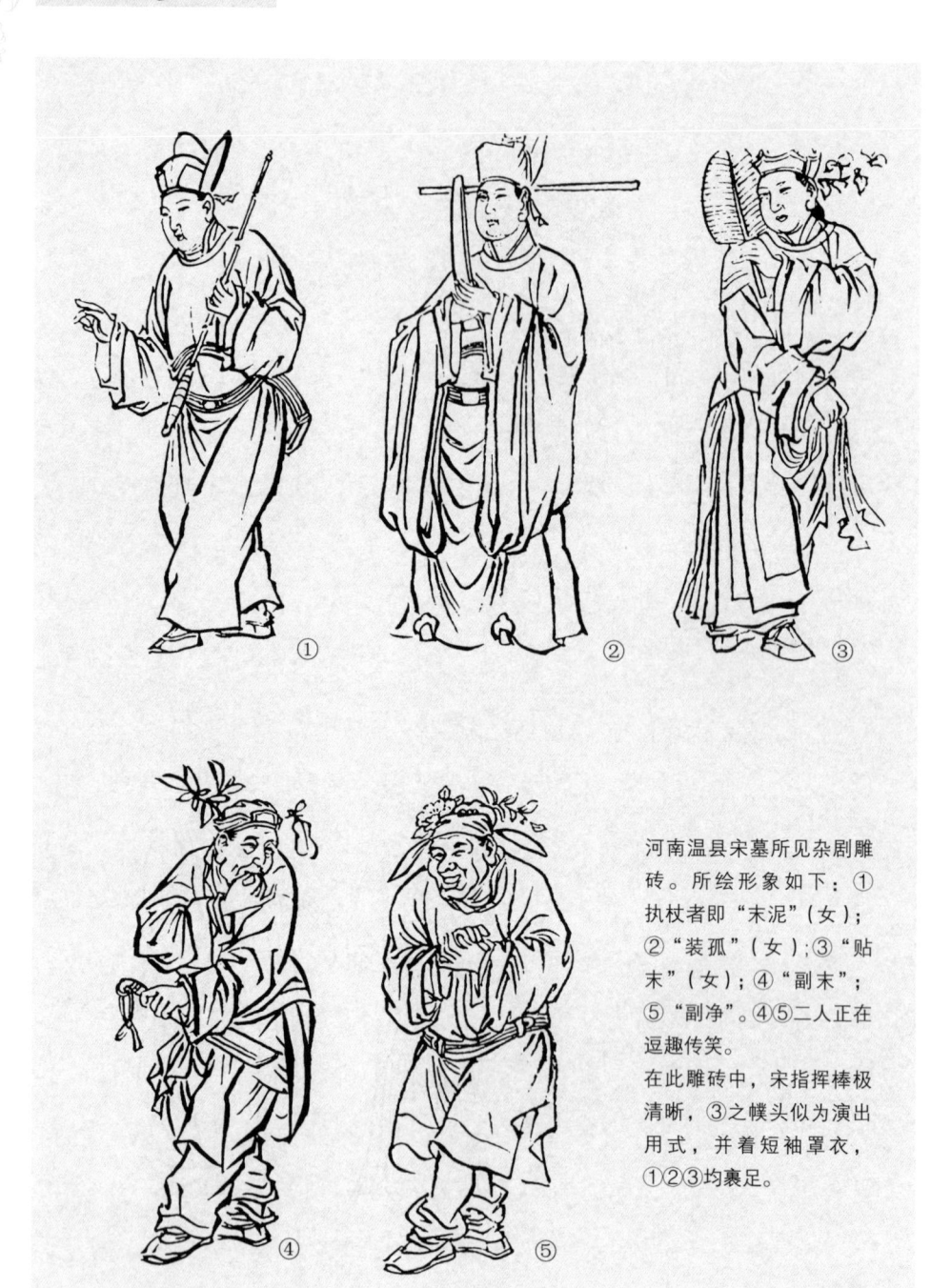

大宋衣冠

河南温县宋墓所见杂剧雕砖。所绘形象如下：①执杖者即"末泥"（女）；②"装孤"（女）；③"贴末"（女）；④"副末"；⑤"副净"。④⑤二人正在逗趣传笑。
在此雕砖中，宋指挥棒极清晰，③之幞头似为演出用式，并着短袖罩衣，①②③均裹足。

九、乐舞服装

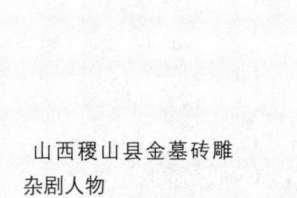

山西稷山县金墓砖雕
杂剧人物

大宋衣冠

此非宋服　　面部化装

剧装

侏儒

明代宝宁寺水陆画中的一群流浪艺人。其扮相服饰已与宋时多有不同，上衣下裳似已尽为上衣下裤取代。

九、乐舞服装

山西稷山县马村金墓浮雕砖。这组杂剧显然在表演一个完整的故事。山西省考古研究所著文说："这种有一定故事情节的演出场面，可能属于'正杂剧'。"其中④即"装孤"，亦是此组之"末泥"，③为"副净"，②为"副末"。文章还认为，这批金墓杂剧雕砖所反映的，是"以滑稽念唱为特点的宋杂剧表演形式"。

出土地同上之苗圃金墓雕砖，人物通高70cm。其中①③均为仆吏装束，戴巾，穿圆领窄衫，束带，前衣角掖起；④执笏着宽衫而戴幞头者，为"装孤"所扮之官员。②③为"副净"、"副末"，是全剧主角，多居雕砖画面的中心。

223

大宋衣冠

山西稷山县马村金墓杂剧雕砖（见下图）。展现了杂剧表演时演员与乐队伴奏的完整场面，"形象地反映了宋金杂剧伴奏乐器的组合形式，解决了戏曲史上长期悬而未决的问题"。乐队被安置在砌高了的"乐床"上，所见乐器如下：①大鼓，②腰鼓，③笛，④拍板，⑤觱篥（形似唢呐）。

稷山县马村、苗圃等处金墓，建于金代前期，即北宋晚期之宋徽宗时代。雕砖为浮雕，人物造型与其时绘画相似，写实而重传神，各有个性。

224

十、戎装

宋代实行募兵制。宋太祖吸取唐大将拥兵自重、割据一方的教训，由文臣统兵，形成宋代重文抑武的传统。宋军分为四种：1.禁军（野战军、正规军），2.厢军（工程兵），3.乡兵（地方治安兵），4.藩兵（少数民族组成的边防军）。禁军招兵时,要求应征者身高1.7米上下。禁军由殿前司、侍卫步军司、侍卫马军司（合称三司）总领。调兵权属枢密院，而枢密院使多为宰相兼任。

宋军甲杖装备统一由朝廷军器监负责制造。盔（帽）甲（衣）分两种，一用于实战，二用于仪卫。皮做帽叫笠子，铁做甲叫铠，帽叫兜鍪。铠（甲）分长甲（至足上）、短甲（至膝上）两种。以长甲计，分盔、盔帘、杯子、眉子、披膊、甲身、腿裙、鹘尾等构件，共1825片甲叶，用皮线穿连，重49斤许。另有轻便的戎装，即战袄、战袍，均窄袖身，长不过膝，袍外加抱肚、护腰、两裆甲（铁甲背心）。

大宋衣冠

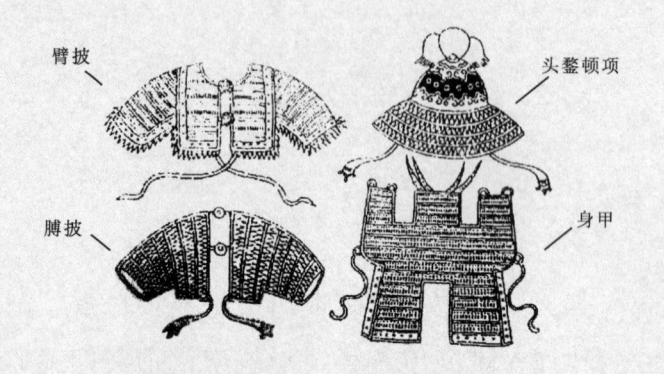

臂披　　　　　　　　　头鍪顿项

髆披　　　　　　　　　身甲

中国甲走过了三代青铜皮革的发轫，秦汉朴素札甲的基奠，南北朝铁猛兽的肆滥，隋唐才艺激情的躁动，终于走向沉稳成熟。

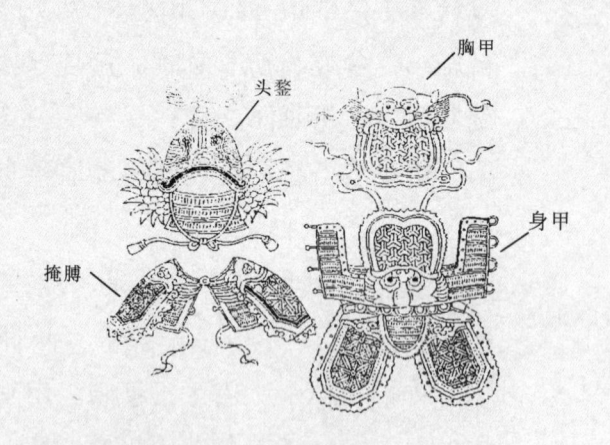

头鍪　　　　　　　　　胸甲

掩膊　　　　　　　　　身甲

传统大铠的结构特征是各部分高度的有机整合：甲身腿裙合为一，披膊掩心为一，再围上抱肚束甲绦，极简便，又极合理，华美大气，堪称是我国甲胄发展的巅峰。

十、戎装

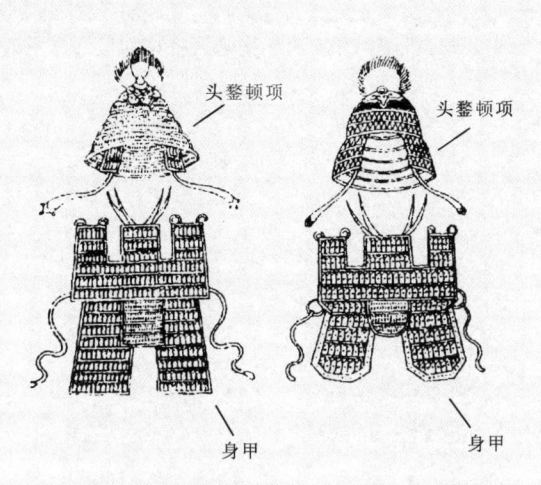

（本页并前页引自魏兵著《中国兵器甲胄图典》，中华书局，2011年。）

人们不难体味到经典大铠繁复札甲所呈现出的律动美，而寒光映霜的金属特质又颇具冷峻威严的震慑力。

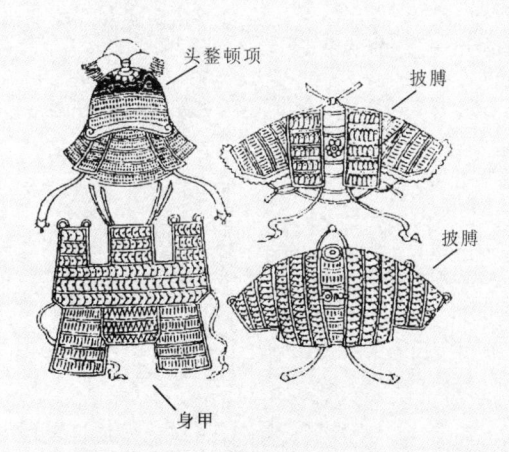

《武经总要》记录的五领甲胄虽不能代表宋代甲胄的全貌，但足以证明北宋经典大铠的确是中国传统铠式的最终定型。

宁波东钱湖南以南宋史氏墓园为中心的墓前将军石像的盔甲，呈现了与巩县北宋皇陵、重庆大足南宋石窟颇不相同的样式。由于史氏三代为相，其墓前武将盔甲的样式应具真实性，制作时可能加强了装饰性，但仍不失为南宋武将特别是御林军将士盔甲的可靠而生动的证物。

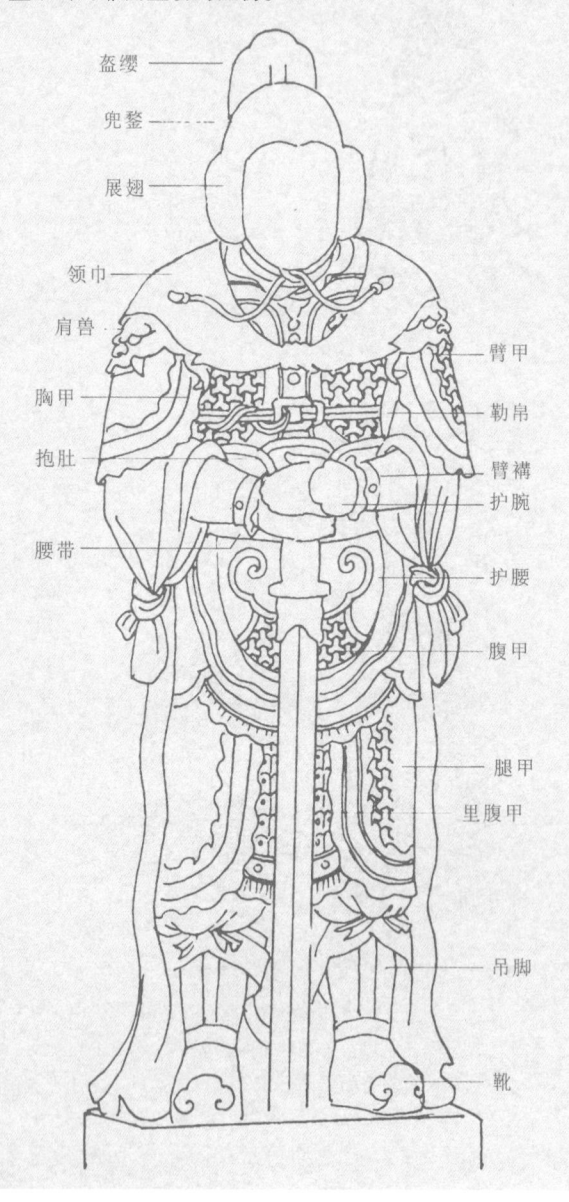

盔缨
兜鍪
展翅
领巾
肩兽
胸甲
抱肚
腰带
臂甲
勒帛
臂褠
护腕
护腰
腹甲
腿甲
里腹甲
吊脚
靴

整套铠甲沿边的钉饰排列相同，皆为十字形花，以圆形或菱形错开排列。

盔甲的部件

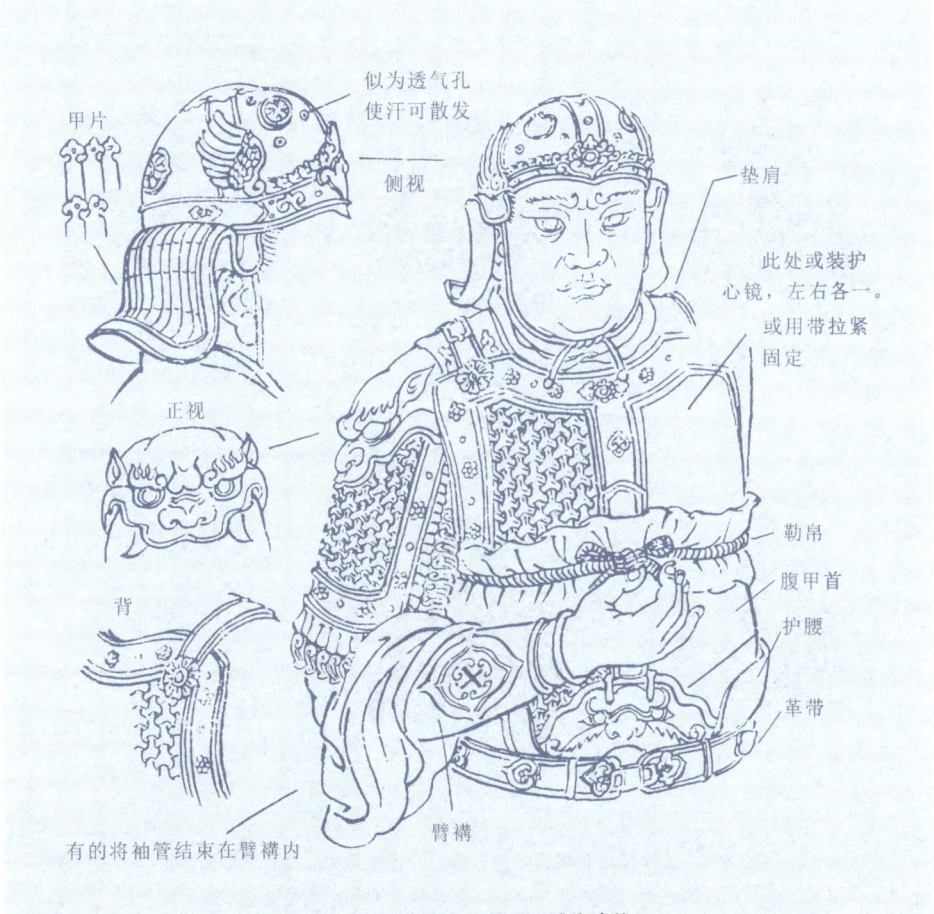

甲片
似为透气孔 使汗可散发
侧视
正视
背
有的将袖管结束在臂褠内
垫肩
此处或装护心镜，左右各一。或用带拉紧固定
勒帛
腹甲首
护腰
革带
臂褠

山西运城关帝庙宋代将军石雕像残件

这是笔者在山西太原博物馆内所画速写，原件已残。从中可见盔与甲各构件的连结。其胸甲包括背甲，由肩上左右二带系结成两裆，带上有扣孔，可以调节。为固定装有虎头的披膊，带下加垫肩。然后胸束勒帛，结蝇系定；胸甲下部腰间束带，腰外再加护腰。为连结腹甲，胸甲正中垂一带，以带尾插入腹甲虎头额上之孔，于是牢固。

大宋衣冠

头盔（兜鍪）

河南巩县（今巩义市）北宋皇陵石雕镇陵将军像。皆着长身甲，肩头无兽头装置，头盔样式各不相同，连展翅设置的部位与外形也不相同。这种细部的不同是否与不同的军种有关，未详待考。出处如下：①永昌陵（977年）。②③永熙陵（997年）。④永定陵（1022年）。⑤⑥永泰陵（1100年）。

十、戎装

宋陵的镇陵将军都着长身甲，不同的是头盔、胸甲及少数细部。而相同的，是每一盔上都有一对展翅。

以上为重庆大足南宋石窟武将之盔

从宋陵石刻镇陵将军的盔甲看，应为宋太祖时的甲式，甲片粗大，极少装饰，宋太祖后，盔甲之制日益精密，头盔、胸甲等式样多变。实战中火药的应用，也促进了盔甲的改良，所以唐与唐以前那种甲片粗大的甲式已不复见。

大宋衣冠

宁波东钱湖南宋墓道石雕将军盔式

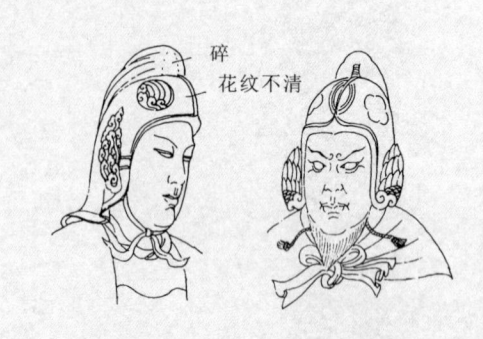

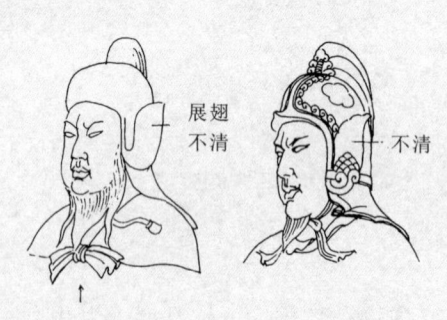

碎
花纹不清

展翅
不清

不清

此像风化较重，盔纹几不可辨。

十、戎装

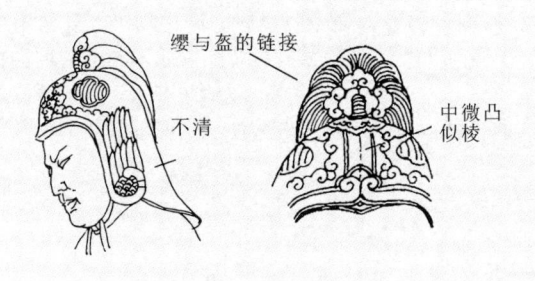

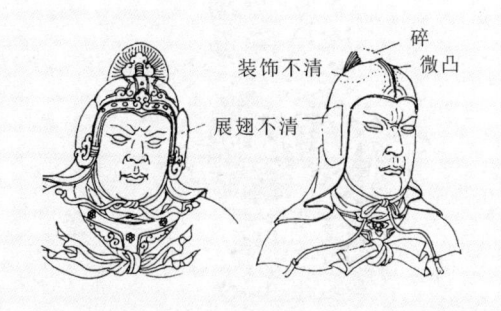

缨与盔的链接

不清

中微凸
似棱

碎
微凸

装饰不清

展翅不清

不清

东钱湖南宋石雕将军头盔与缨的结构明确，缨中无矛尖或戟状物，和巩县北宋皇陵、大足南宋石雕之盔缨不约而同，可以确认此乃一代之定式。

233

护肩·护胸

我国古代的盔甲，自秦汉至南北朝少有装饰与变化。图①可见刚开始在胸前装两个圆护，至隋代发展为上身的圆形胸甲，又叫明光甲。唐代胸甲上开始出现图案，但从图片看是画成的，不像北宋护胸那样具有微凸感。北宋画中的护胸物纹样变得空前多样，但护心镜一词，似为后人所创，当时无此一词。

唐以前披膊上并无虎头，至唐，③式已成中原典型的样式，但兽头并不与臂甲相连。北宋陵镇陵将军竟无一人有此，从南宋起臂甲上的虎头才大量出现。

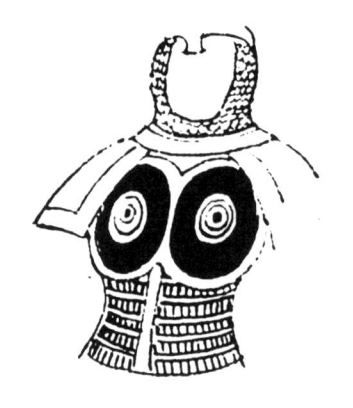

①莫高窟隋代壁画

②北朝线刻

③敦煌彩塑（唐代）

④四川大足石刻（南宋）

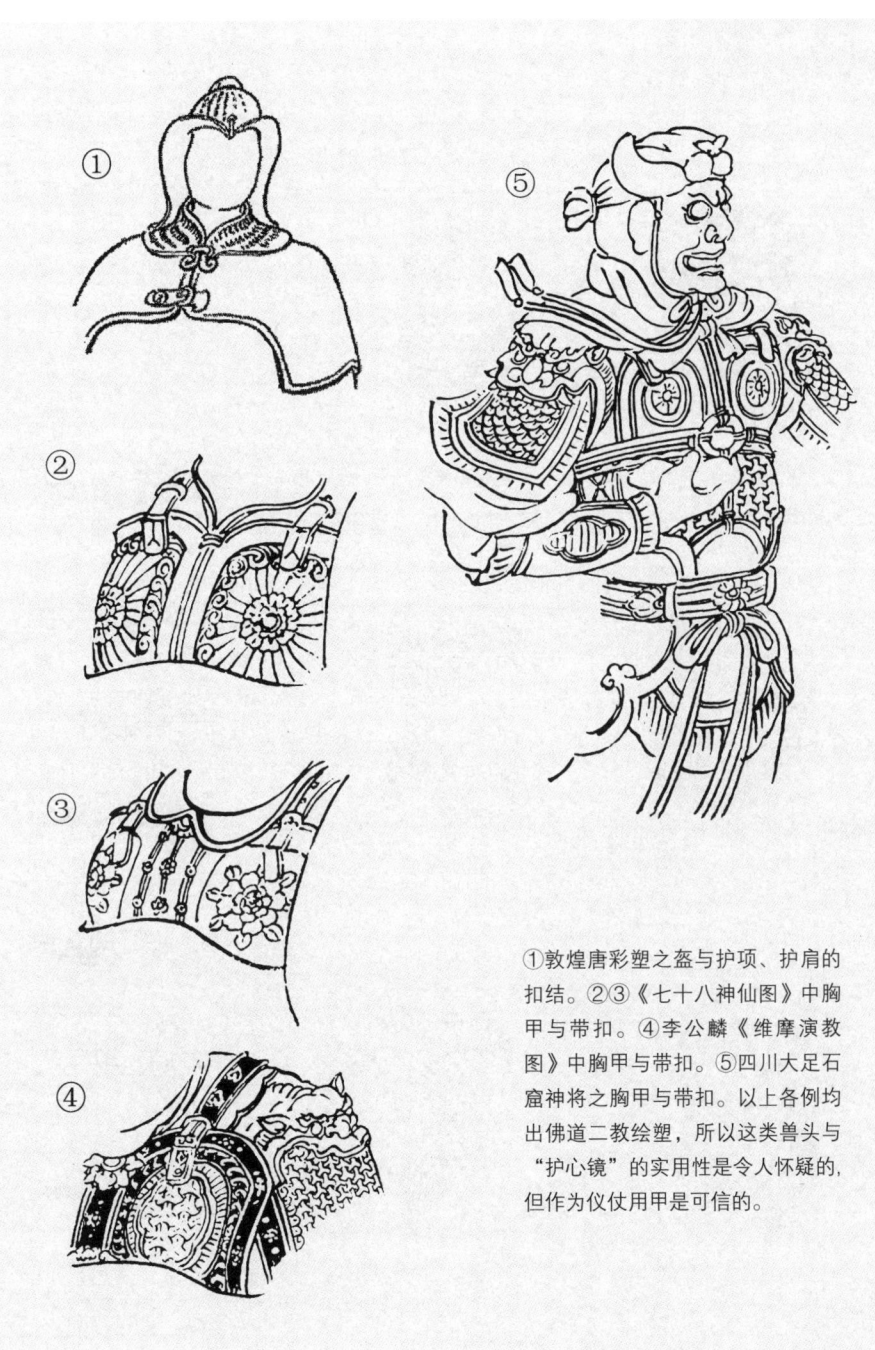

①敦煌唐彩塑之盔与护项、护肩的扣结。②③《七十八神仙图》中胸甲与带扣。④李公麟《维摩演教图》中胸甲与带扣。⑤四川大足石窟神将之胸甲与带扣。以上各例均出佛道二教绘塑，所以这类兽头与"护心镜"的实用性是令人怀疑的，但作为仪仗用甲是可信的。

大宋衣冠

臂甲与护肩兽头

勒帛（带）

十、戎装

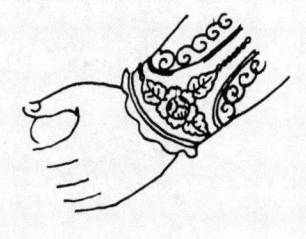

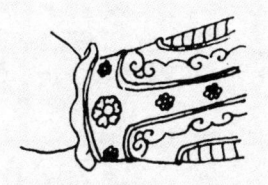

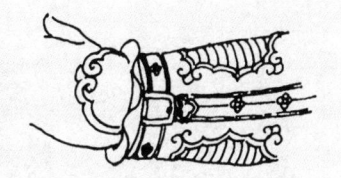

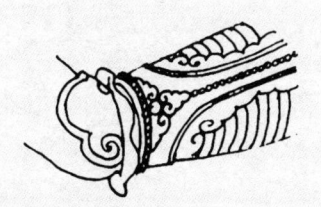

臂褠与护腕

护腕在巩县北宋皇陵与大足南宋石刻中都未曾出现。以上各例均见于宁波东钱湖南宋将军石像。

护　腰

护腰之设，在唐戎装中并不多见，至宋方盛，凡武将几乎无一不设，以至平民、役卒、宫女婢仆皆服，蔚然成风。观其形制，约分三类如下：

1. 布帛织物，一般为平民、随从、仆婢、士卒所用，表现为质地柔软。
2. 革质、毡，一般为战将、仪仗队武士所用，表面绘绣花纹，华丽而硬挺。
3. 帛面衬皮毛，或直接裁皮毛为之，为战将或金、辽人所服，除防卫外，兼可御寒。元、明两代仍用此物。

宋陵石雕将军侧视图，护腰上绣麒麟卷云，四围花边，极富丽。可能因其扈卫皇帝，得享此规格。

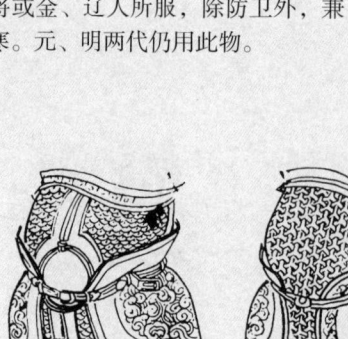

《七十八神仙图》中二例护腰

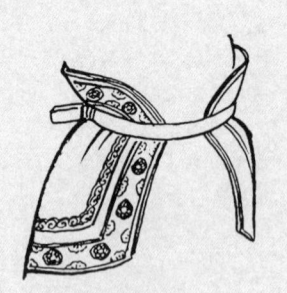

永乐宫元壁画中之神将护腰

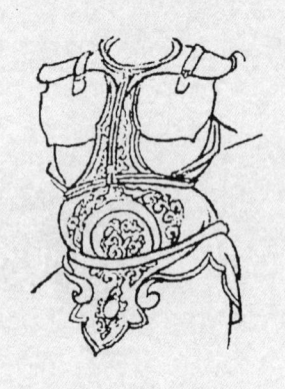

唐敦煌彩塑武将之鹘尾，前后相连，尚无明确的护腰。

十、戎装

宫女、内侍之护腰三例，皆柔软飘逸。

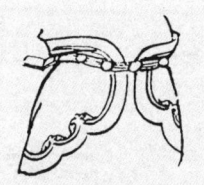

护腰经腰带束定后，被分成上下两截，上狭下宽，比例约为1:5。即便是革制、毡制的护腰，也不可能保持上下等宽，必会自然下垂，故处理成上下等宽为错。

大宋衣冠

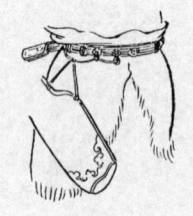

辽墓壁画

金张瑀《文姬归汉图》
中的金人护腰

岳飞亲兵之护腰可见
带上挂物之大概

护腰之后视

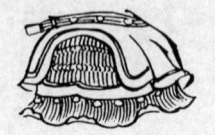

十、戎装

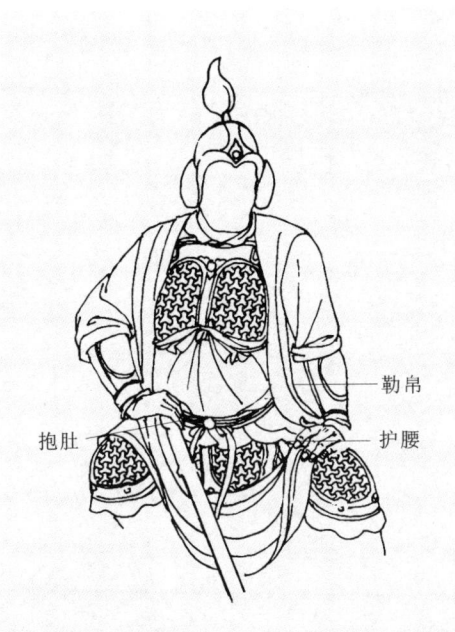

勒帛
抱肚
护腰

重庆大足石雕将军之抱肚，皆作此式，显系柔软之帛。

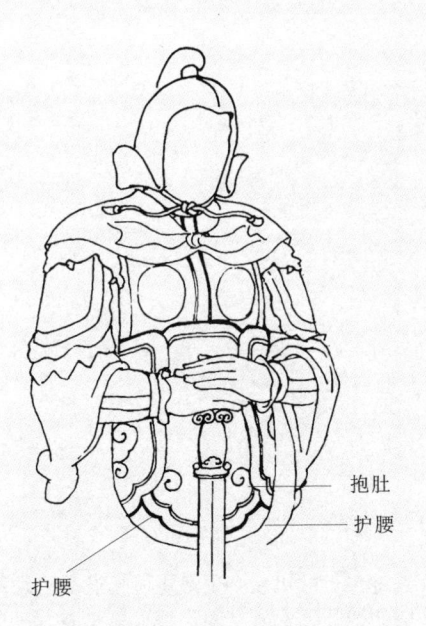

抱肚
护腰
护腰

241

大宋衣冠

抱肚

护腰

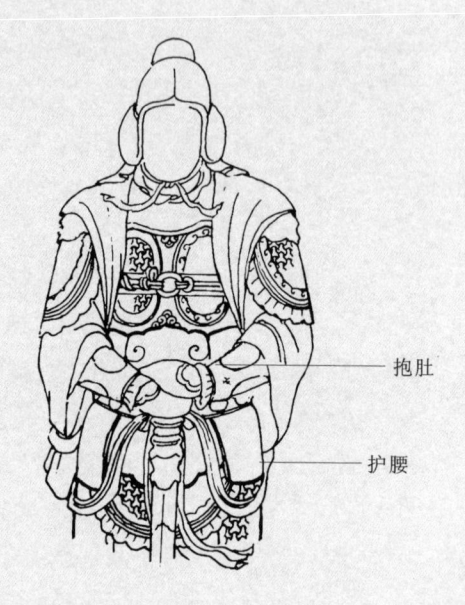

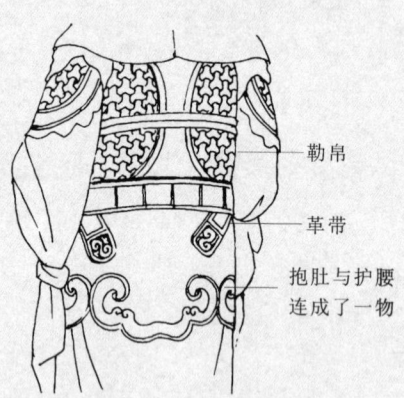

勒帛

革带

抱肚与护腰
连成了一物

通过比对可知，大足武将的抱肚是一块织物，并无固定之形。东钱湖南宋石雕武将的抱肚已变成有固定外形且稍具厚度的片状物了，并进一步发展成与护腰连成一物。

铠甲的侧背

在古画中的铠甲大多为正面的形象，少见侧背面的形象。以下选取数例，以并剖析，以使对铠甲有一完整印象。

抱肚
护腰

五代前蜀贯休《罗汉图》

大宋衣冠

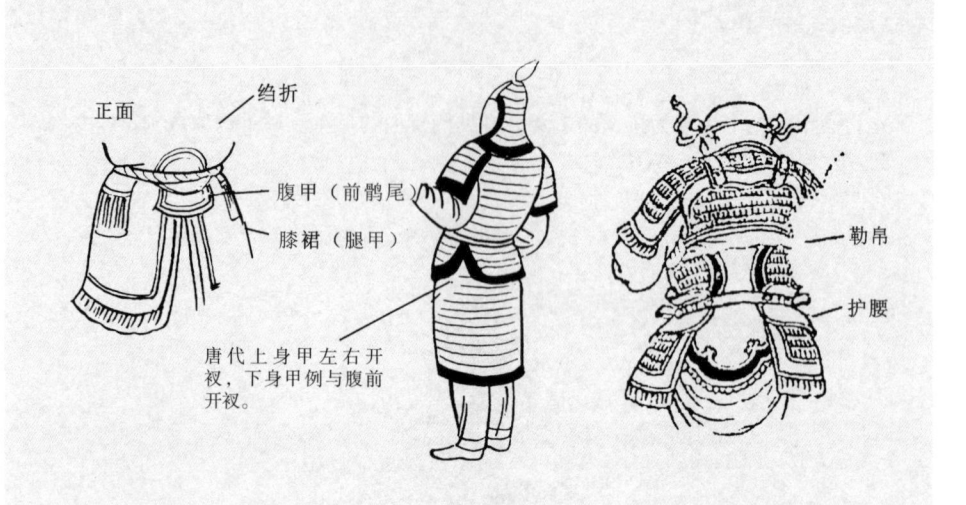

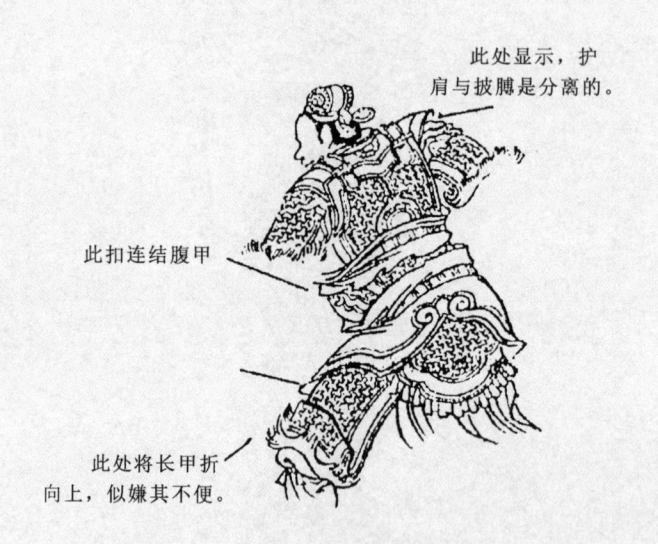

正面
绉折
腹甲（前鹘尾）
膝裙（腿甲）

唐代上身甲左右开衩，下身甲例与腹前开衩。

勒帛
护腰

此处显示，护肩与披膊是分离的。

此扣连结腹甲

此处将长甲折向上，似嫌其不便。

左例短身甲，为左右结系式，开衩处适为护腰所蔽。护腰质软，不妨碍行动。背甲中缝直通而下，上有钉饰，仅为美观。

臂褠

臂褠即袖套，是行军作战中手臂的防护物。臂褠自唐产生，入清已不见，仅存于寺观祠庙中神将的身上。但自唐至明，沿用一千多年，成为绘画雕塑神将身上常见盔甲之必要构件。

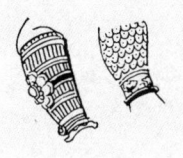

袖套上亦布满了细小甲片，并稍加装饰（唐郑仁泰墓俑及敦煌出土绢画）。

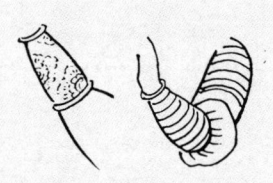

唐时仅将袖管扎紧（唐敦煌壁画）。

袖套变得明确了（木头沟高昌佛寺壁画）。

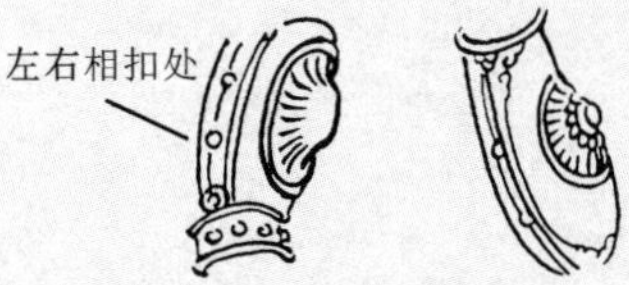

左右相扣处

《七十八神仙图》中两件似为革质缀钉的全封闭袖套。

大宋衣冠

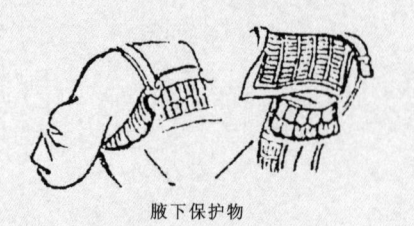

腋下保护物

前后甲连结处

为了不使铁甲擦伤两腋，腋下附加软而富弹性的保护物。

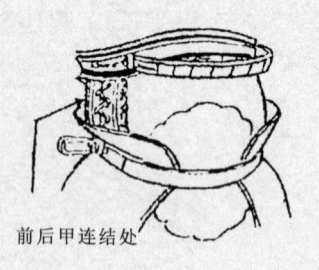

永乐宫壁画中神将两裆甲之腋下连贯法。

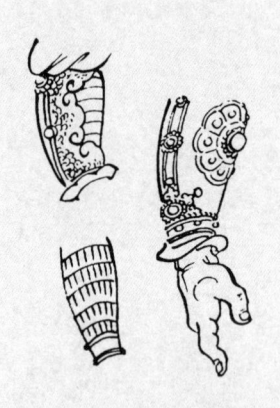

元代袖套，愈加精密。

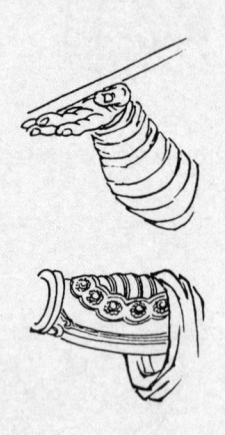

华严寺辽代泥塑，只用布帛缠臂，如绑腿。右下为宋陵石雕将军之袖套，以皮或铁制。

吊 腿

吊腿即护腿，是套在小腿裤管外面的防护装置，以革或厚帛制成。

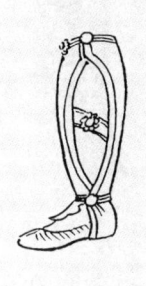

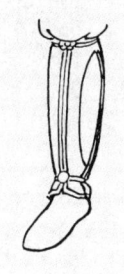

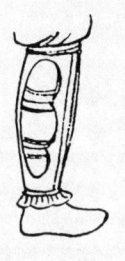

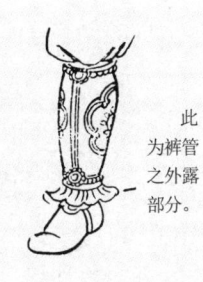

此为裤管之外露部分。

上均为唐代吊腿，可以看出其发展的经过。最先的吊腿，实为两片合拢而中空，其末端前作卷叶，覆于足背，后裹住鞋跟。下方三式，已成全封闭、革制的有装饰的腿套。

大宋衣冠

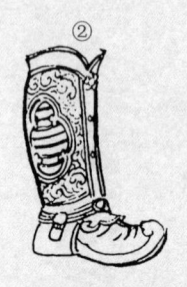

以上三例为两宋将军的吊腿，①②还有唐代遗风，③已将护腿与靴连成了一体，如长统软靴。

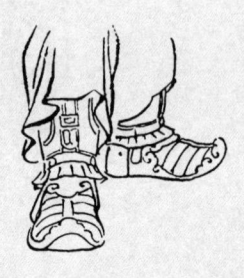

华严寺辽塑将军之吊腿中前部，明显可见是用皮带扣结固定。

元永乐宫壁画将军之吊腿太过华丽，疑非实样。

十、戎装

实战盔甲几无装饰，无需装彩缀珠，只为作战时抵御矢石炮火即可。南宋画家萧照、赵伯驹、陈居中画中的部分将士形象，很说明问题。

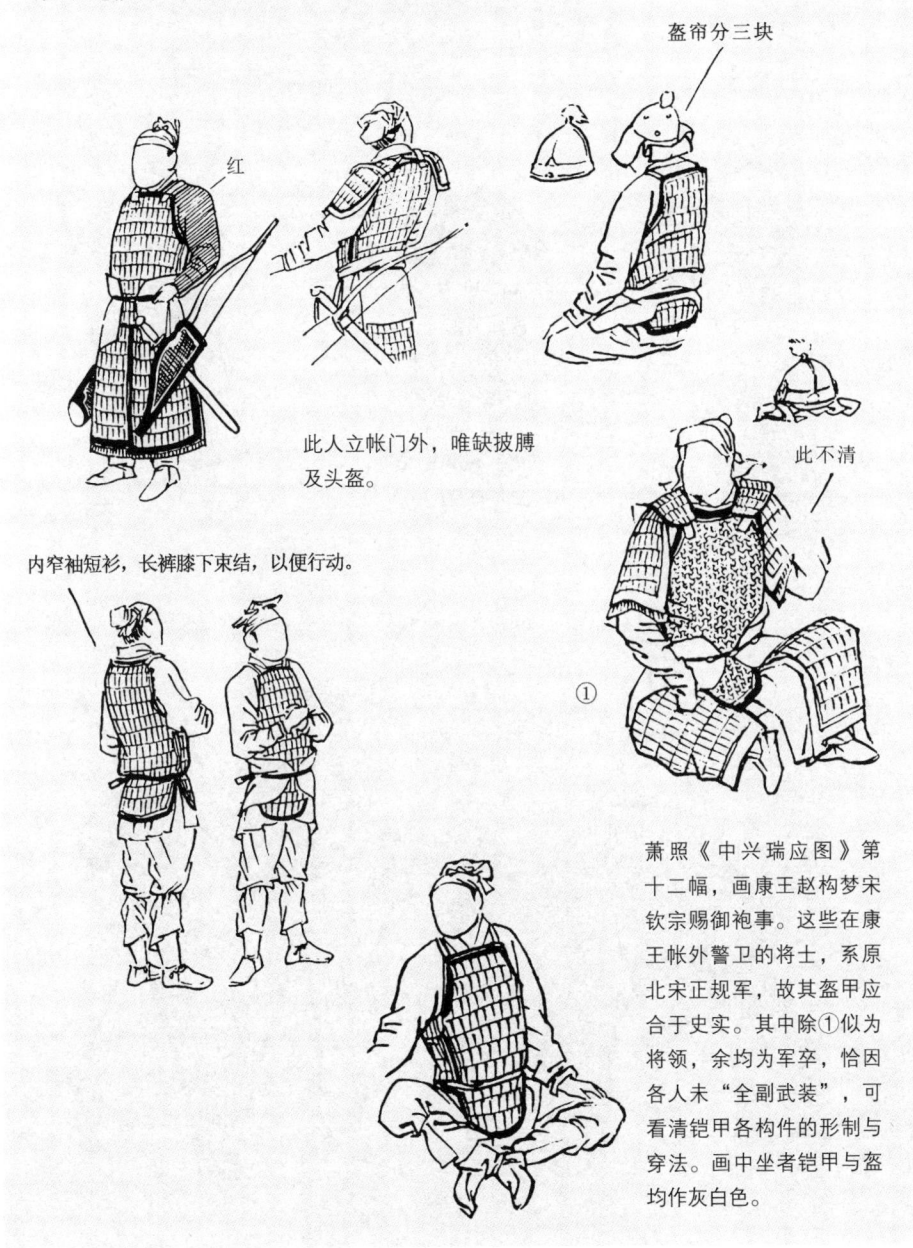

盔帘分三块

红

此人立帐门外，唯缺披膊及头盔。

此不清

内窄袖短衫，长裤膝下束结，以便行动。

①

萧照《中兴瑞应图》第十二幅，画康王赵构梦宋钦宗赐御袍事。这些在康王帐外警卫的将士，系原北宋正规军，故其盔甲应合于史实。其中除①似为将领，余均为军卒，恰因各人未"全副武装"，可看清铠甲各构件的形制与穿法。画中坐者铠甲与盔均作灰白色。

大宋衣冠

陈居中《胡笳十八拍图》画汉蔡文姬事。此图画匈奴军装，当为金兵战甲的借用，无任何加饰，可知为实战用甲。

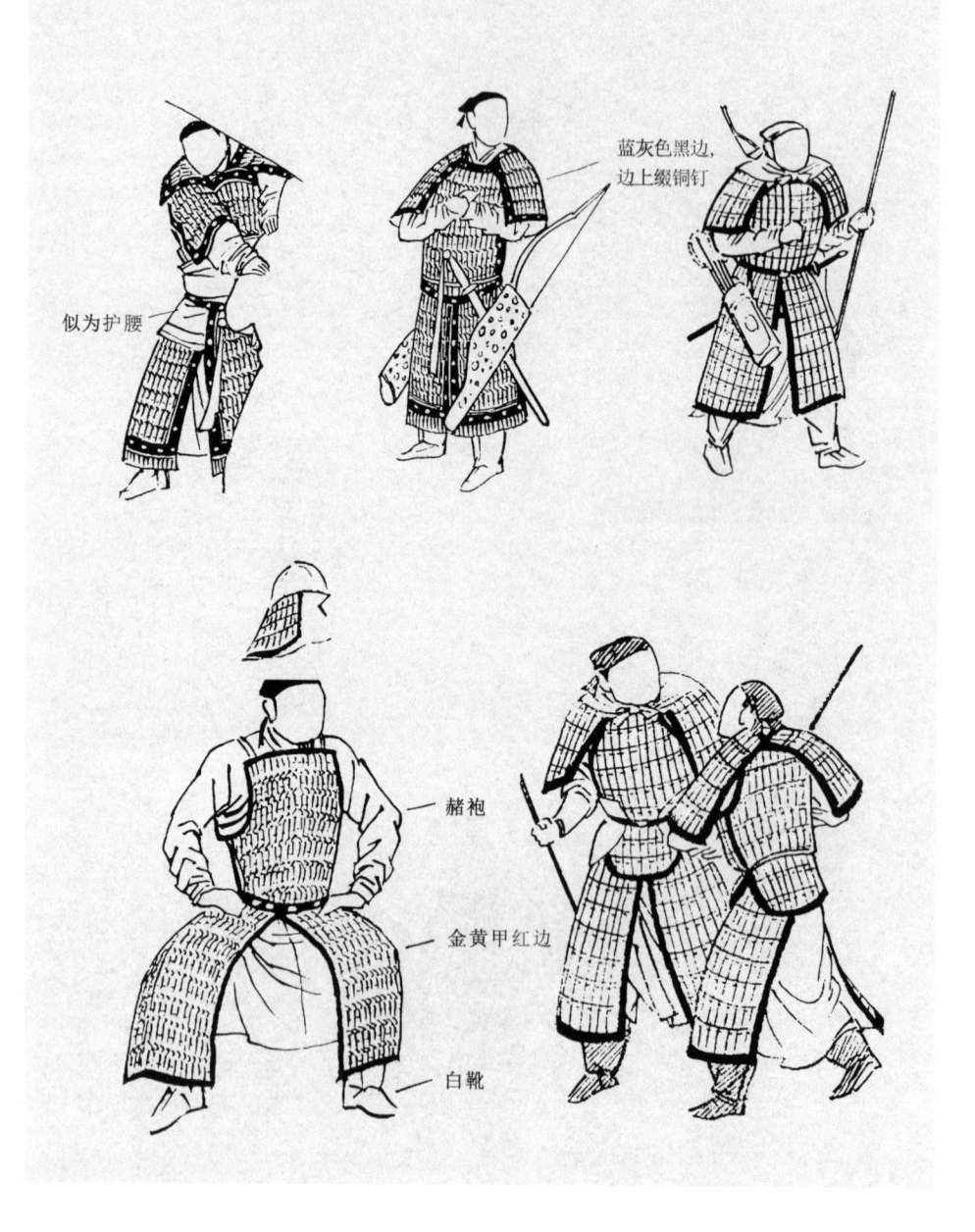

蓝灰色黑边，边上缀铜钉

似为护腰

赭袍

金黄甲红边

白靴

十、戎装

短身甲

① 宋太祖曾诫禁军"衣不蔽膝"

② 北宋《七十八神仙图》的两神将

大宋衣冠

此三例，见于南宋刊印的佛经插图。其中之③为1210年左右杭州印刊，其时正值宋宁宗前期，故这一形象应是南宋京城举行盛典时常见的禁军形象。

①

②　③

252

十、戎装

李公麟《免胄图》中唐大将郭子仪帐下四将，但均系宋装。①②服式略同，胸甲外加短袖宽衫，衫短仅至腰。前者盔、护臂上均缀珠，当为首长。③④两将甲各异，盔也不如右将之铁制，似为革质，且无展翅，当属副将、裨将、偏将一类。前二将均着软靴，不着护腿。若除去铠甲，四人均着窄袖长襦，长仅至膝，合于宋太祖之诫。

大宋衣冠

《道子墨宝》中此人之盔前另有一球，肩施虎头，甲沿缀珠，甲似甚软，应非实战用。

抹额

护腰

延安清凉山万佛寺北宋摩岩石刻神将，铠甲坚硬挺直，无护臂、护腿。且广袖长袍，以体现神的威仪，恐非实有之设。

《道子墨宝》中三个卫士衣冠甲具均合宋制，《梦粱录》称兵士皆裹抹额，外宽袍内窄衫，悉符。

254

十、戎装

骑兵是古代战场上的主要进攻力量。披铠甲的骑兵与战马，时称"全装甲骑"。即《说岳全传》小说中之所谓"铁塔兵"、"铁浮屠（塔）"。但以三马、五马用铁索相连的"连环马"，纯属误传与臆说。已被金人后裔乾隆皇帝予以驳斥。上图三人三马，是目前所见的唯一的宋军全装甲骑的形象。

佚名《大驾卤簿图》中马军仪仗队展现了不同于上例的全装甲骑。马之面帘顶端装兽头，马身甲似也改全部甲片为布面排钉，甲边沿为毛皮。骑者戴帻，式似进贤冠，色彩艳丽，全为扈驾时的美观。

佚名《大驾卤簿图》中担任仪仗队的全装骑兵

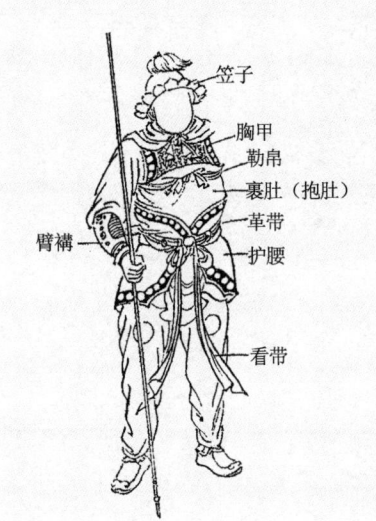

十、戎装

士兵与甲具

臂褠：革质袖套
裹肚：围于胸至腹的织物
勒帛：自胸际固定裹肚的帛带
革带：即皮带
护腰：围在腰际的织物或革制品
看带：无实际作用的有花样织物

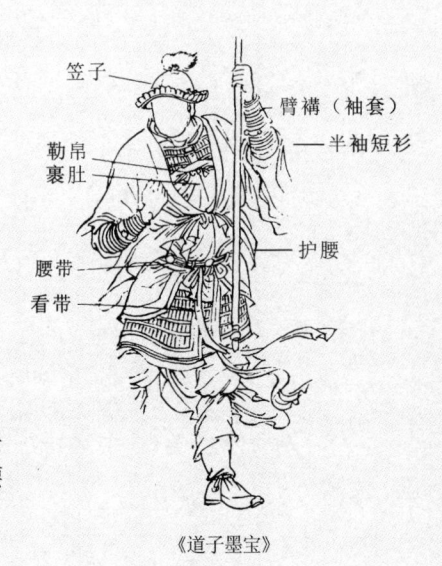

《梦粱录》载，郊祭仪仗中，"天官皆朱漆金装笠子"，又云"御龙直短巾"，"镀金束带，腰悬花看带"，即如其人。

《道子墨宝》

大宋衣冠

金元画中的士兵

杭州烟霞洞五代（953年）摩崖石刻。距宋立国仅七年。此人之甲式简单，护臂、绑腿也简，当属"兵头将尾"之列。

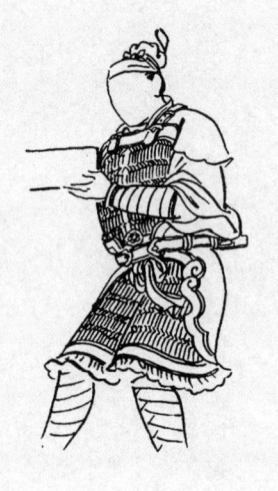

十、戎装

①山西子长县金墓壁画《二十四孝图》中的一马前卒。
②③《道子墨宝》中的两个神兵。③较完整，但赤足。

大宋衣冠

综前各例可知，宋代士兵的甲具大体如下：头盔、或笠、或裹软巾。身甲，长至腹，束带，加护腰，贴身着襦。长裤结束于膝，或加绑腿，着麻鞋、软靴。臂或加护臂。凡盔、甲、护腰、护臂等，均形制简约，无华饰。宋后士兵皆如此。

禁　卫

皇帝的仪仗古称"卤簿"，包括两大部分，仪是指文物，如麾、节、旗、盖、扇等，象征皇权；仗是指武装禁卫，保卫皇帝，震慑臣民。宋代皇帝的"警卫"分两大系统：一是三衙（殿前司、马军侍卫司、步军侍卫司）武装禁军，是皇帝广义上的御林军，但他们只能守在京城内外。只有经层层选拔组成的"金、银枪班直"才能入驻皇城；二是皇城司所辖环卫官，由皇亲国戚与高官子弟组成，他们才是皇帝身边的贴身侍卫，人人皆有八九品的官阶。所以在着装上二者有所区别。前者戴盔披甲执械，后者基本是幞头，长衫（分色明级别），仅加护腰，佩刀剑弓箭执挝。据此即可以区别禁军与警卫。

■ 大红
／／ 绿
白
宽袖黄袍
朱
灰蓝

粉绿

巩县宋陵镇陵将军石雕像，可想见皇帝之从驾卫士。

开元寺壁画中立于大王前的卫士，其头盔为他处所不见。

261

大宋衣冠

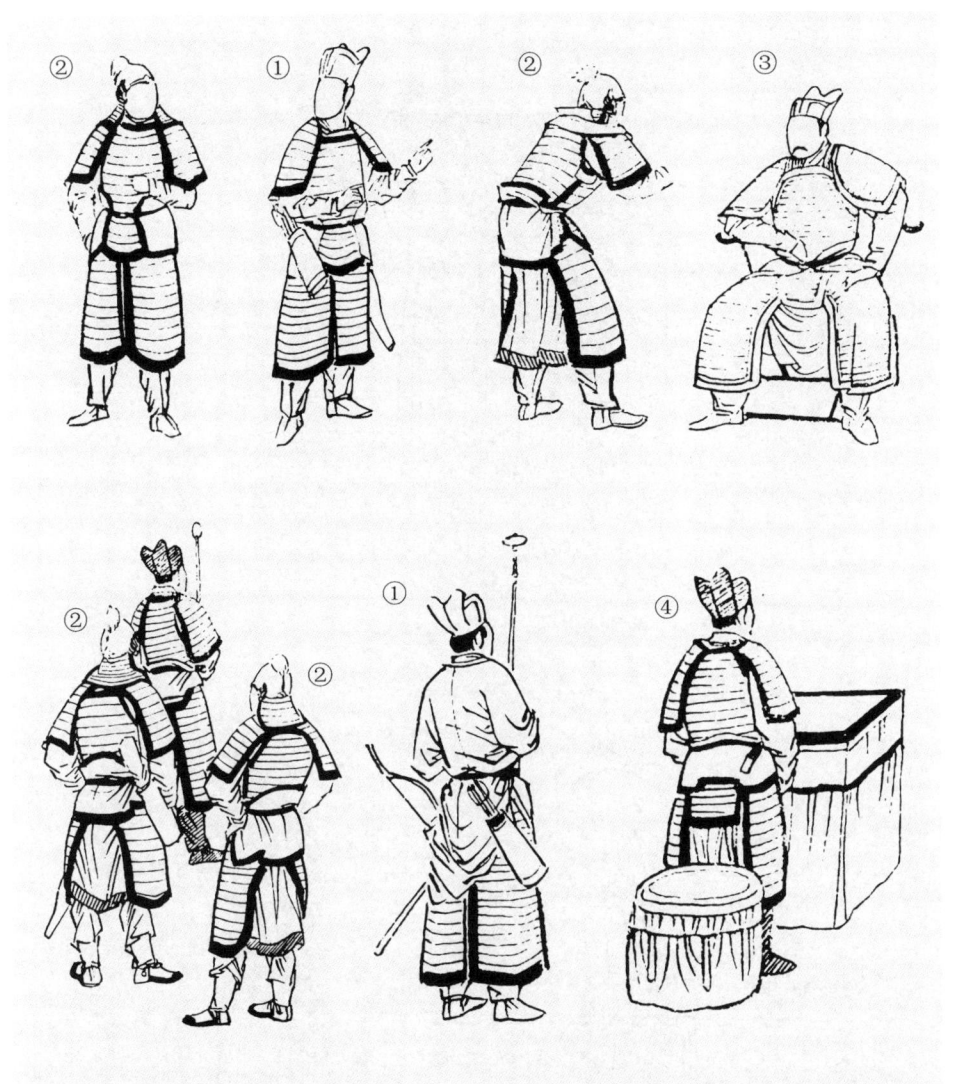

佚名《北寨宴射图》画1004年宋辽达成"澶渊之盟"之庆宴，图中场面宏伟，旌旗帐幄间画有88人，其中披甲者分四类：①为前排卫士；②为后排卫士，兼执旗，约20余人；③仅1人，别坐一帐幄间，听人汇报，后立一人无甲，似为此间最高军事长官；④为入宴军官。画中7人，均立于桌后，作恭候状。这四类将士中，显然以②为最低一级。①虽也是卫士，因侍卫御前，故宋金墓室壁画中有以此形象画作门神的。凡戴帻者，其军阶明显高于戴盔者。

大宋衣冠

青

红带

白靴　红　皂靴

南宋《卤簿图》中的两种禁卫。皆服圆领窄袖长衫，束带着靴，仅帽不同。

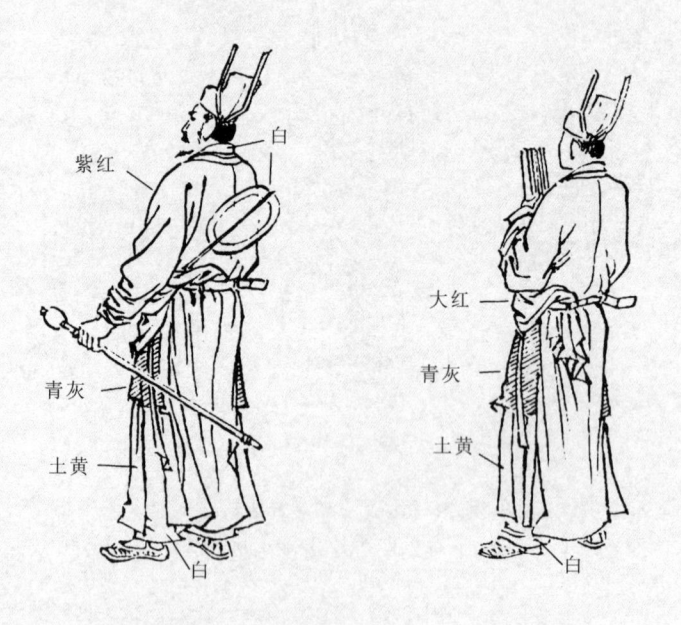

紫红　白

青灰

土黄

白

大红

青灰

土黄

白

开元寺壁画中随王子出行的随从五人，冠服相同，皆戴屈曲幞头。其中左一人执挝，似为押班。

十、戎装

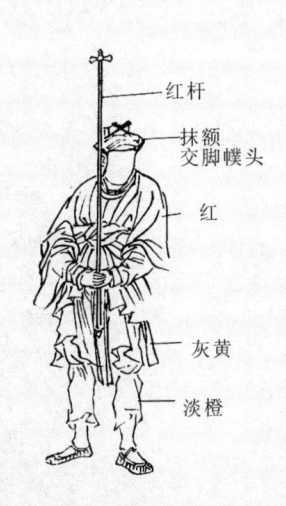

挝（俗称金瓜锤）
垂脚幞头
短袖衫（半臂）
勒帛
抱肚
臂护
構腰
箭筒
靴

红杆
抹额
交脚幞头
红
灰黄
淡橙

皇帝的警卫，从禁军中初选，合格者升入上军，上军再升班直，班直始为皇帝的卫士，皆"材勇绝伦"。金枪班直、银枪班直、御龙班直，即分值宫中或随驾卫从。但其地位仍低于环卫官，不能进入皇帝的殿区之内。因其责职各有不同，服装亦有变化，《梦粱录》述之颇详。

265

大宋衣冠

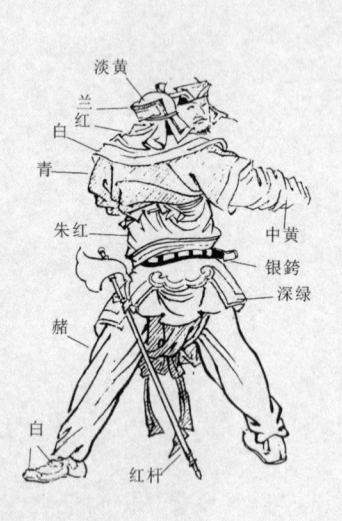

左上为李唐《晋文公复国图》中的两类卫士，右下为佚名《折槛图》、《却坐图》中的汉代宫廷二禁卫，皆为前朝事，南宋是否仍存此种卫士服饰，待考。

十、戎装

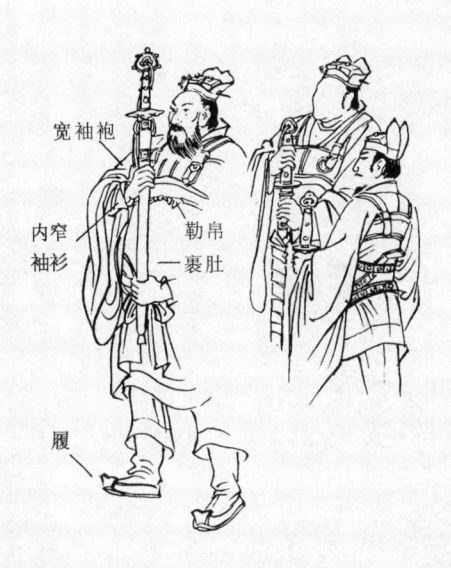

《朝元仙仗图》中的这种神将，共6人。据《梦粱录》载，皇帝祭家庙时有"内等子"（由退役相扑手改任），"各顶帽，鬓发蓬松"，"或执七宝剑"者，疑若此。

宽袖袍
内窄袖衫
勒帛
裹肚
履

《朝元仙杖图》中的卫士，均戴汉冠，两裆甲，宽袖外衣，甲外加裹肚，足履。《梦粱录》述卫士时言其戴"小帽"、着"紫绣袍"或"黄绣宽衫"，疑即此装。

267

卫　从

下五人服饰皆同，为陈居中《文姬归汉图》中汉使之卫从，任警卫、传达、执仪物如伞旗等职。可视为根据宋朝出使辽、金、夏朝的使臣行列所服之存照。

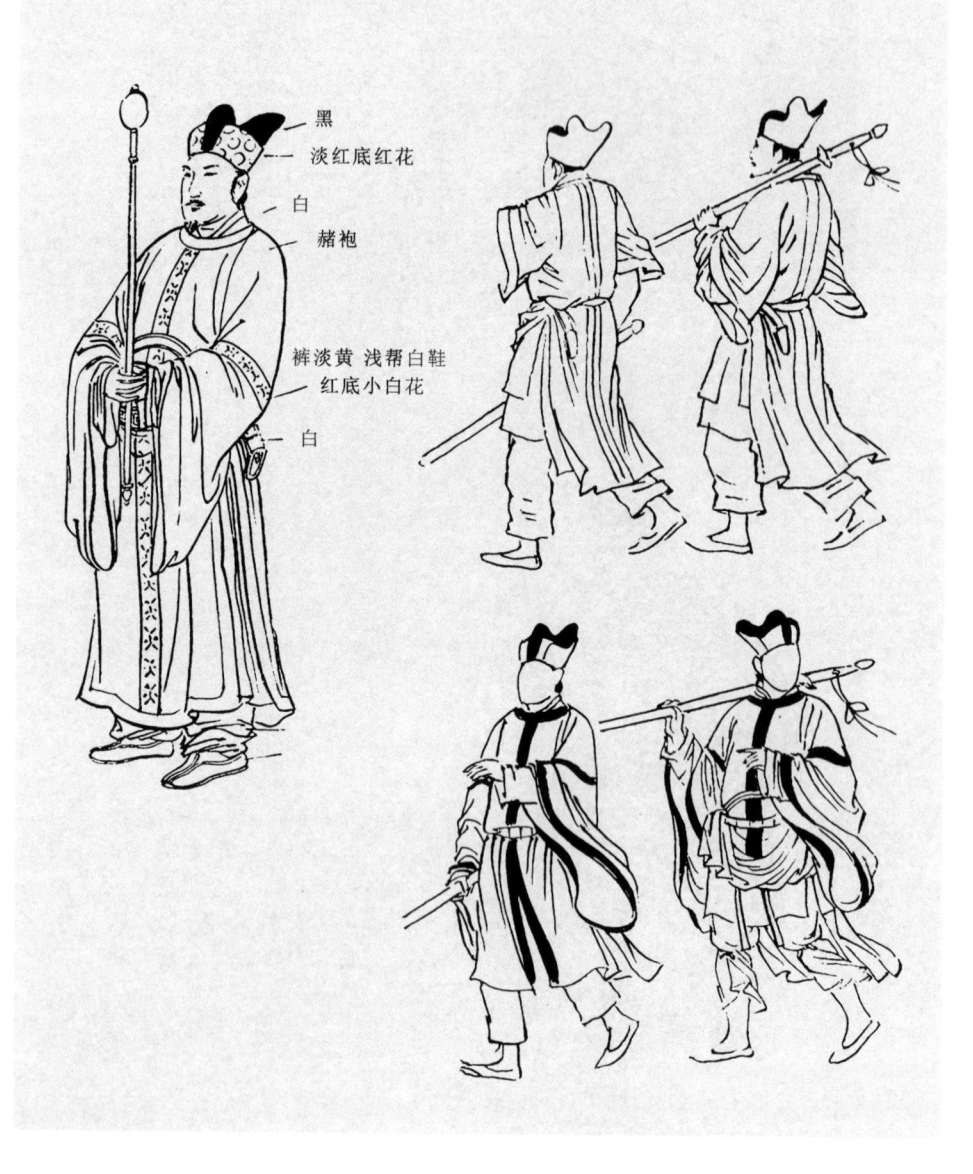

黑
淡红底红花
白
赭袍
裤淡黄　浅帮白鞋
红底小白花
白

亲 兵

下图为南宋刘松年《中兴四将图》中四将亲兵（随身卫士）的服饰及随身器物，应皆真实可信。其中三人叉手侍立，这是宋代"下人"的规定姿势。

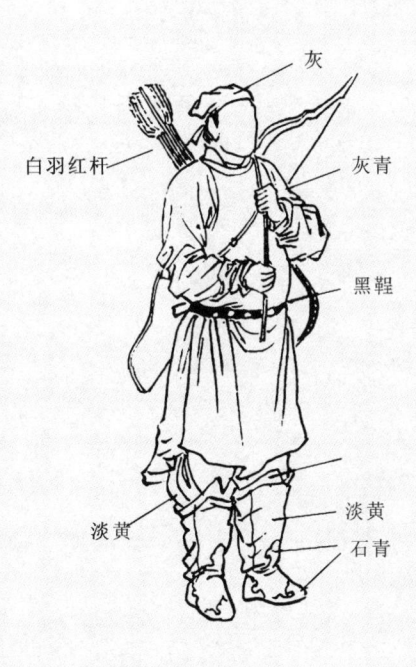

大宋衣冠

白 — 花青
红
淡黄
灰紫
淡黄
蓝 — 深蓝

蓝
白
草绿
黑白
朱 — 土黄
土黄

十、戎装

神兵鬼卒

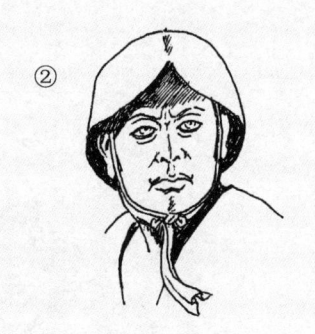

重庆大足石窟中的鬼卒,头戴白笠子。①式似为竹藤制,②似为毡或革制。唯不明其样式之来源,似不于习见现之宋军,故疑为金、元之兵。

元《搜山图》中搜捕妖精鬼魅之神兵。其中③似小队长，短袖宽衫，内身甲，护腰束带着靴，①②无甲，着麻鞋，①裹绑腿。尤其值得注意的，是①擎鹰之右臂戴皮手套，甚合事理。②之右臂也有皮臂护，身背绳索，当为捉俘虏时的必备物。②④之笠，也仅见于此，当有实物为据。然不知此种装束究竟出自何处。

辽、金戎装

大同辽代华严寺中的护法大王

这两个辽代的神将,只要去掉神的装备如冠饰与飘带,就是现实中的辽王朝武将了。

辽将军俑翻卷的护项后世罕见

大宋衣冠

辽壁画中的铁甲骑兵，远处之楼当为瞭望台

辽、金武将戎装，皆出人意料，不是习见的头戴翻毛插雉羽式盔，与宋军戎装几乎没有区别。

十、戎装

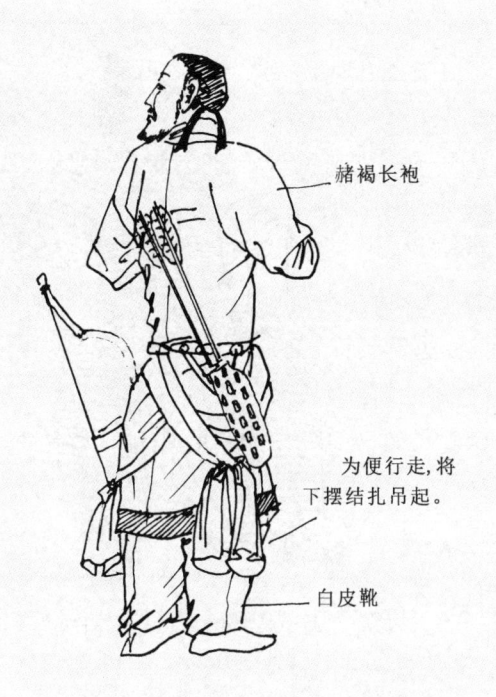

赭褐长袍

为便行走,将下摆结扎吊起。

白皮靴

陈居中《文姬归汉图》中的匈奴侍卫,实即金兵便服。

金代彩绘骑兵浮雕

大宋衣冠

山西子长县金墓壁画《二十四孝图》中的将军。

山西稷山县金墓《二十四孝》泥塑中的将军，高20厘米。

附：宋人器物

按照历来塑佛像不成文的规定，必须同时塑好"三需"，即佛像本身和持物（道具）、坐骑。这一规矩同样适用于所有的文艺创作。为此笔者在搜集整理宋人服饰图像时，也留意宋代的建筑与器物。建筑部分（含家具）的图像已整理成《宋画中的南宋建筑》一书，于2011年由西泠印社出版社出版，现将器物部分附录于此。

马和马具

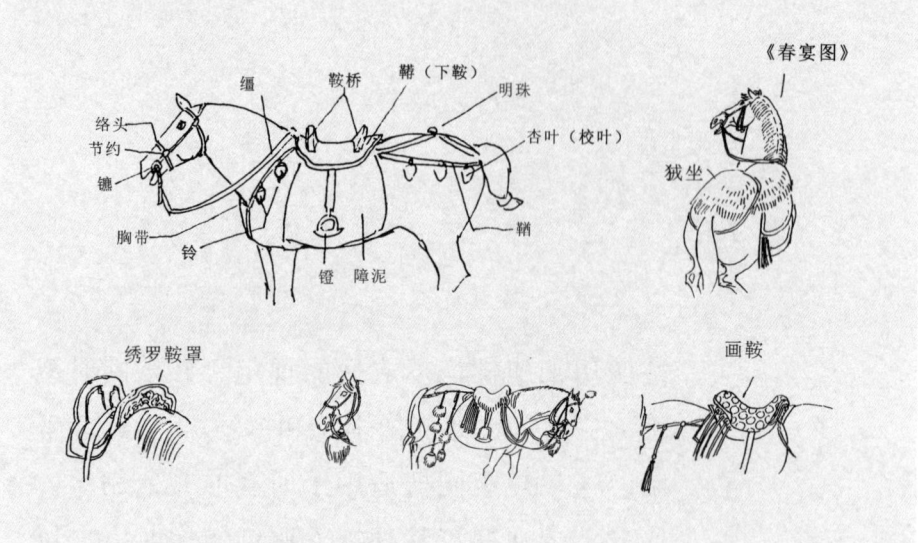

图注（上图马具标注）： 络头、节约、镳、胸带、铃、缰、鞍桥、鞯（下鞍）、明珠、杏叶（桃叶）、鞘、镫、障泥

《春宴图》 狨坐

绣罗鞍罩　　　　　画鞍

臀缨　　颈缨

1. 缨——三品以上"许马以缨饰"。
2. 杏叶——自宰相、使相、枢相、大学士起至各地行政、军事首长，可在马胸带上悬挂质地不同花形有别之杏叶，余均不许。
3. 鞍——非五品以上不得乘画花银鞍。
4. 鞯——宰执大臣、亲王以下，不得设画花绣鞍鞯。
5. 带——朝官、禁军长官以下，不得在带上装银、涂金。

附 宋人器物

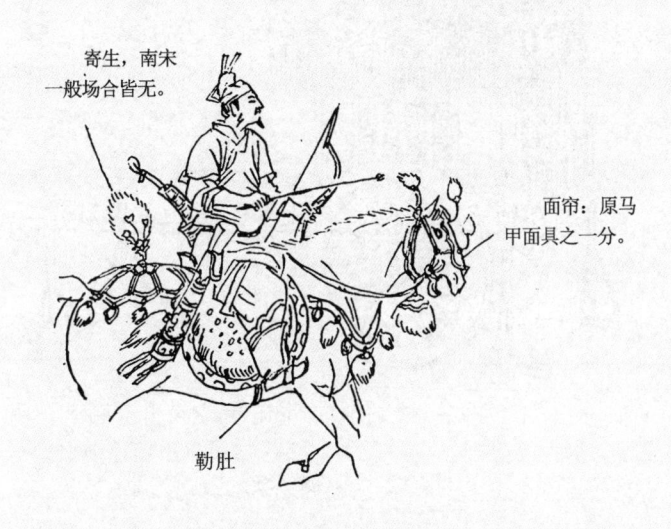

寄生，南宋一般场合皆无。

面帘：原马甲面具之一分。

勒肚

杏叶与缨相间，日常不用。

以豹皮为鞍坐，称狨坐。除三衙（殿前司、马军司、步军司）长官在九月后可设狨坐外，经恩赐，权侍郎、太中大夫以上及学士、待制，"乘狨坐"。

车、轿

此式车用牛拉,为贵妇专用坐车。《汉宫图》中箱体纯白,车顶四脊竖红色五凤。

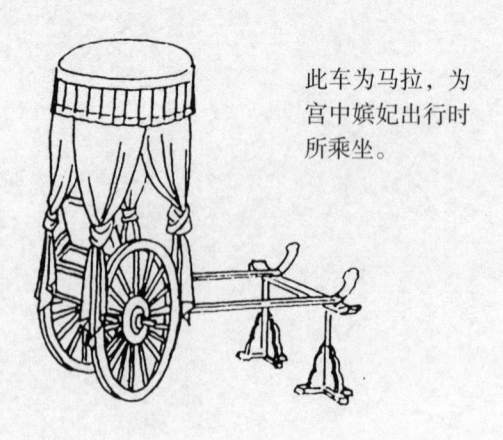

此车为马拉,为宫中嫔妃出行时所乘坐。

附 宋人器物

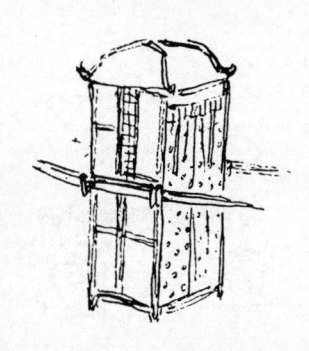

宋微宗曾下诏书，"民庶之家不得乘轿"，"闾阎之辈，不得与贵者并丽"。违者以违反御笔论。凡官员、亲王、大臣乘轿，轿体许"朱漆及五彩装绘"，前有喝道，后有随行人等。抬者视品级有4~8人。但不见于图。南宋因缺马，特许官员乘轿上朝，只有跟随皇帝前往郊坛参加祭祀大礼时，必须骑马。

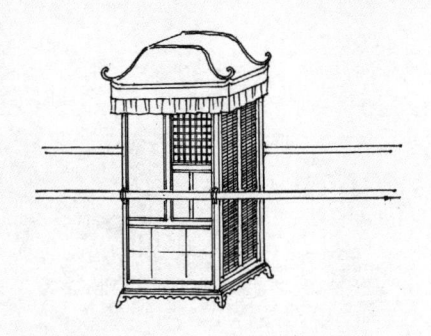

四川虞允文（丞相）后人墓葬出土雕砖中的官轿，与上图之民用轿相比，箱体更宽大规整，箱顶高而垂帘宽，搁脚高而有沿饰。

竹舆与轿不同。前者乘坐之人是露天的，后者乘坐之人是坐在车箱内的。

宋末龚贤画中的竹舆（肩舆）

牛 车

车箱正侧面

① 棕

车箱后视

②

《清明上河图》中运物的牛车

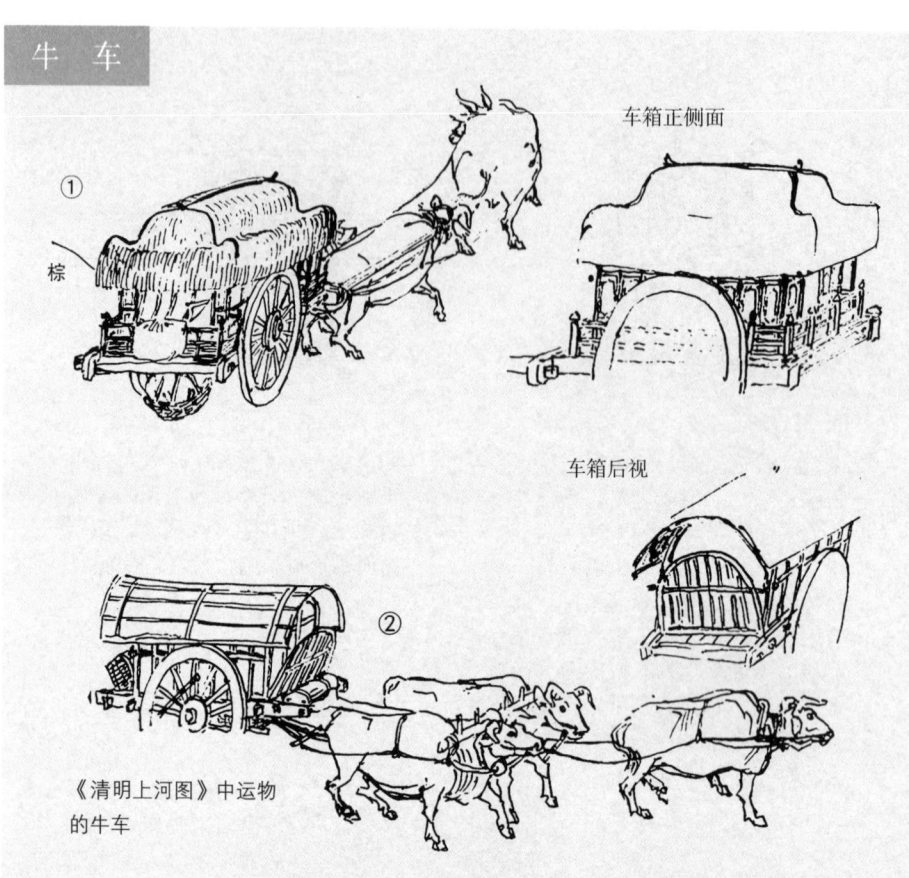

民庶只令乘犊车（即牛车）。黑色漆底，间以五彩，不许前有仪物。又，非官员不得乘暖轿，不得乘四人抬之轿。

③

南宋·朱铣《盘车图》

这三辆车与牛的连结都不同。①为白铜饰牛车，顶复氍或棕者，内外命妇所通乘。其车身前伸二杠。②是前中部伸长木钩。③是改长钩为索，后二车为庶民的客货合用车。

附 宋人器物

骡车、独轮车

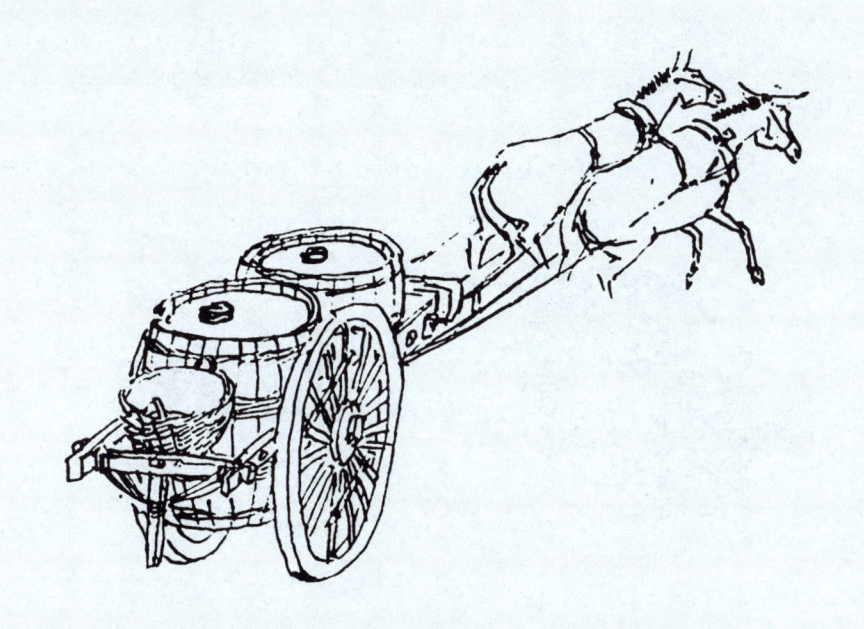

《清明上河图》中的独轮车。据称独轮车即诸葛亮发明之"木牛流马"。

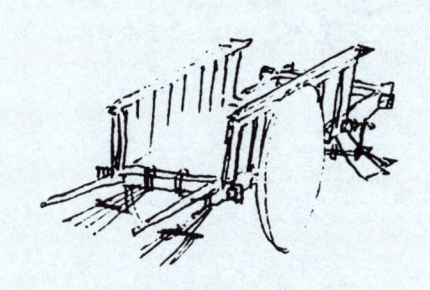

《清明上河图》之平板车

从《宋史·舆服志》看，马车（4~8匹）为皇帝专用，两宋民间无马车。北宋时大臣尚有马车之制，南宋缺马，马车之制弃而不用。故宋画尤其是南宋画中，不见其形迹。

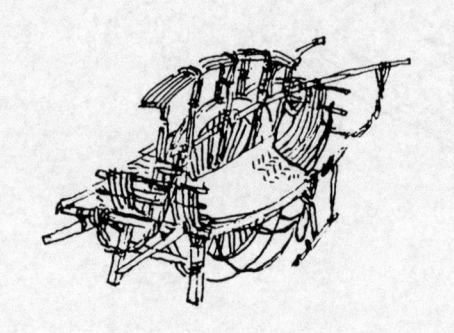

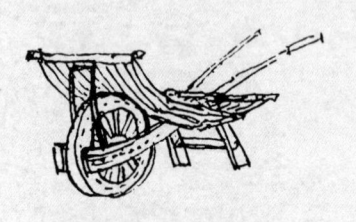

这种独轮车北方至今犹见

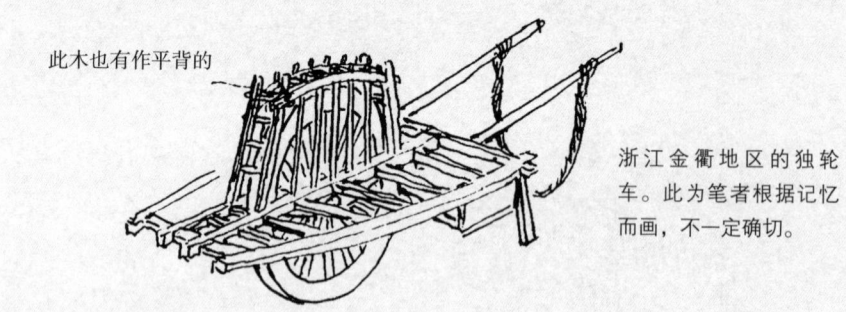

此木也有作平背的

浙江金衢地区的独轮车。此为笔者根据记忆而画，不一定确切。

连体箱，内装工具等带之物

附 宋人器物

船

北宋王朝定都汴梁（今开封市），水运就成为各地向朝廷运送物资的生命线，大运河担负了沟通南北各大水系的重任，水上客货运输业迅速繁荣起来。

这艘北宋初年的客货两用船已很具规模。樯由14根巨索前后固定，客舱3间，首尾设篷，舱顶有篷仓。

牵绳

▲另一艘之首篷

大宋衣冠

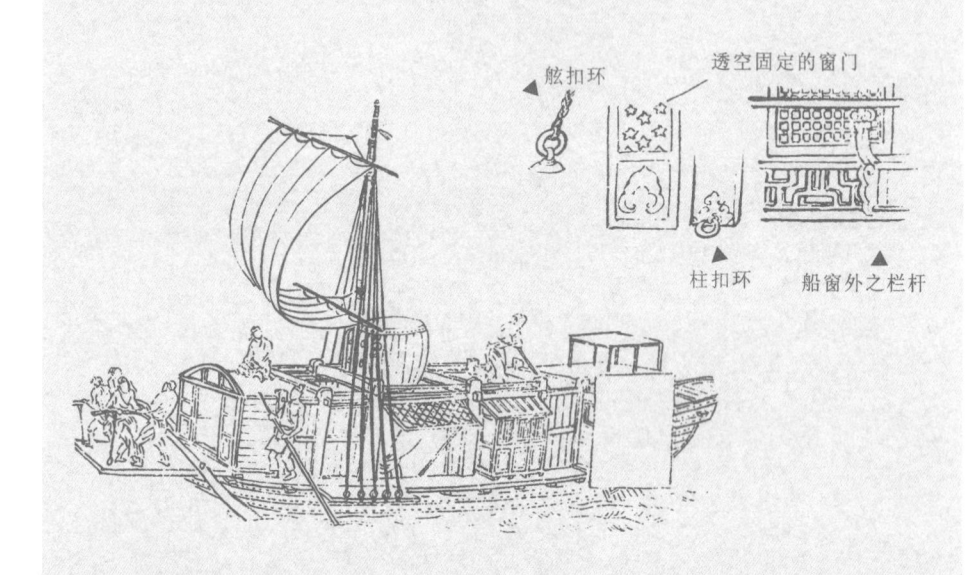

舷扣环　透空固定的窗门

柱扣环　船窗外之栏杆

山西岩山寺金代壁画中的帆船。帆的悬挂与唐初壁画之帆相同，而樯绳的固定法略同于上一船。船首设橹。樯后设鼓。

附　宋人器物

这艘大船正在出港，由牵夫（左下，拉着缓缓前进。樯的绳索，与上页所见已有所区别，系绳扣环由舷侧移到了舱顶两侧与横梁上，前后10根，左右8根。主舱之窗比宋初增加了一倍。

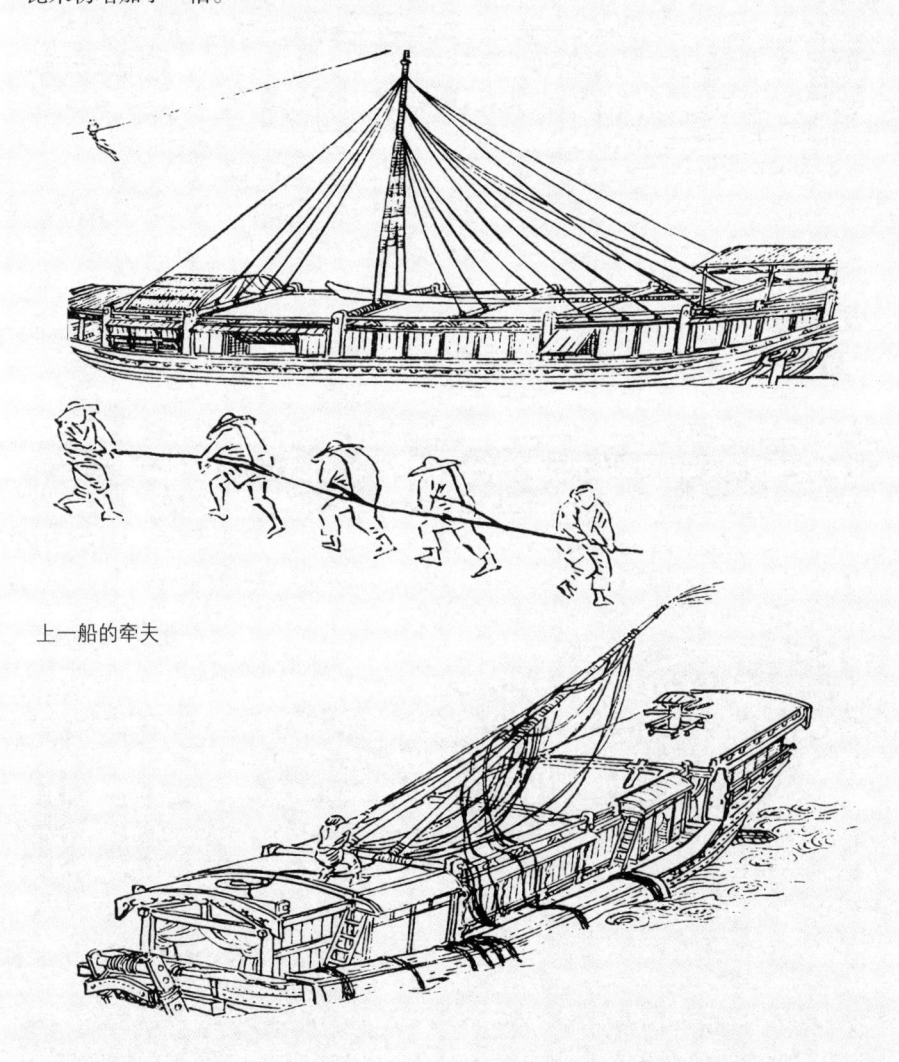

上一船的牵夫

《清明上河图》中正在过桥洞的一条大船。船工正在放下人字樯。紧系的樯索已经放松。尾舱顶上有数人在转动绞盘。出现在画面上的船工（包括家属）共22人，站满了船头、舱顶与舷侧。

客 船

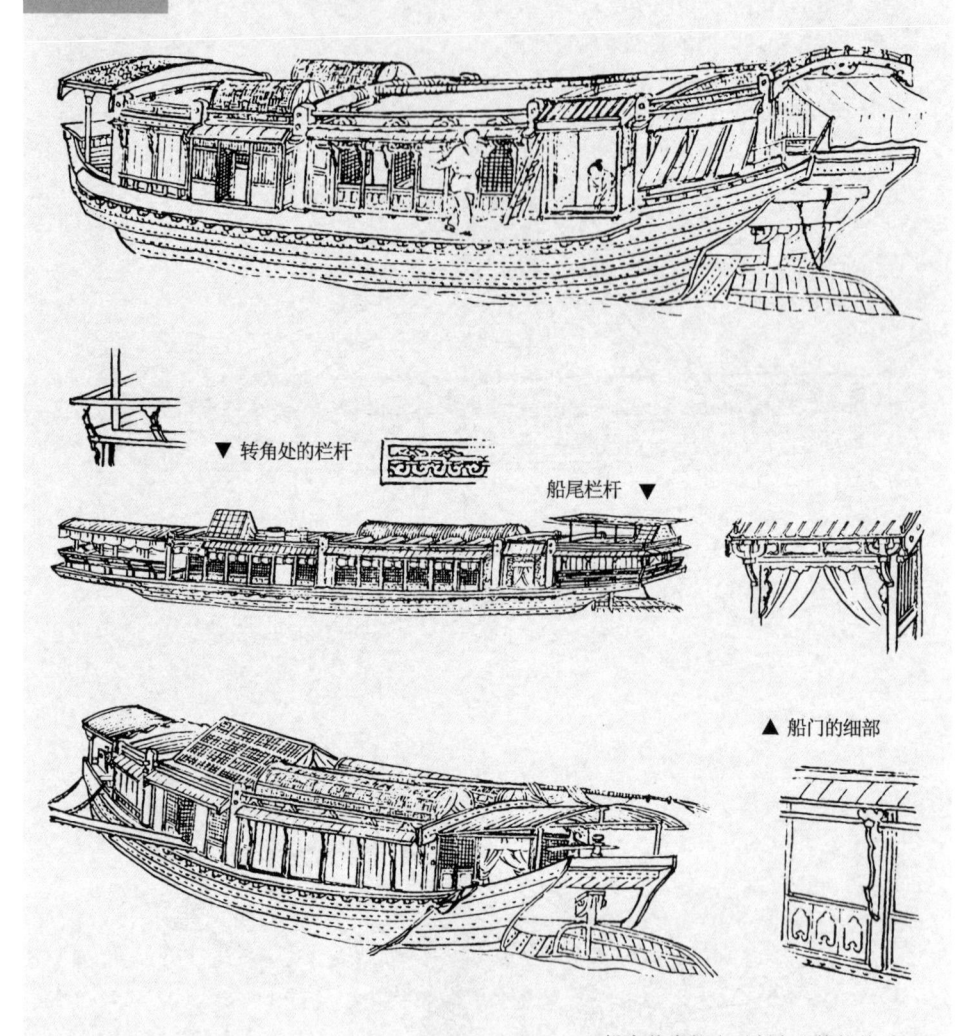

▼ 转角处的栏杆

船尾栏杆 ▼

▲ 船门的细部

船窗外窗柱上承托与木籥的关系 ▲

这三艘客船画得结构准确而具体，生动记载了宋代发达的造船与航运业。尤其中间一艘，船体宏敞，装饰华丽。船首围有可坐倚的栏杆，上有遮阳篷帘。客舱窗上悬挂卷着的布帘。第二舱顶似为通风设施，一排五只。船尾也有雕花栏杆。舱顶有篷屋，似为船工所居，可谓是北宋末年豪华型长途客船。由此可见宋代造船技术的发达与先进。

附 宋人器物

纲 船

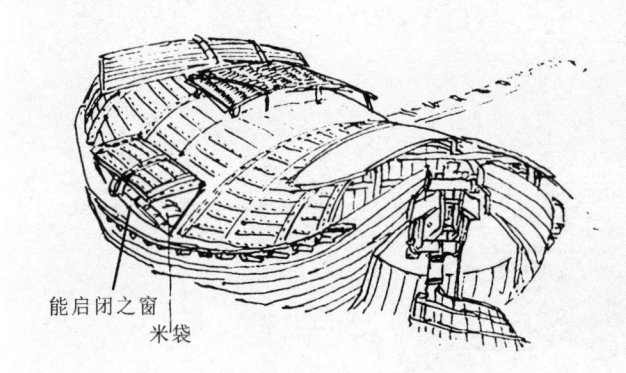

能启闭之窗
米袋

一艘运粮船

航行中的运粮船

大宋衣冠

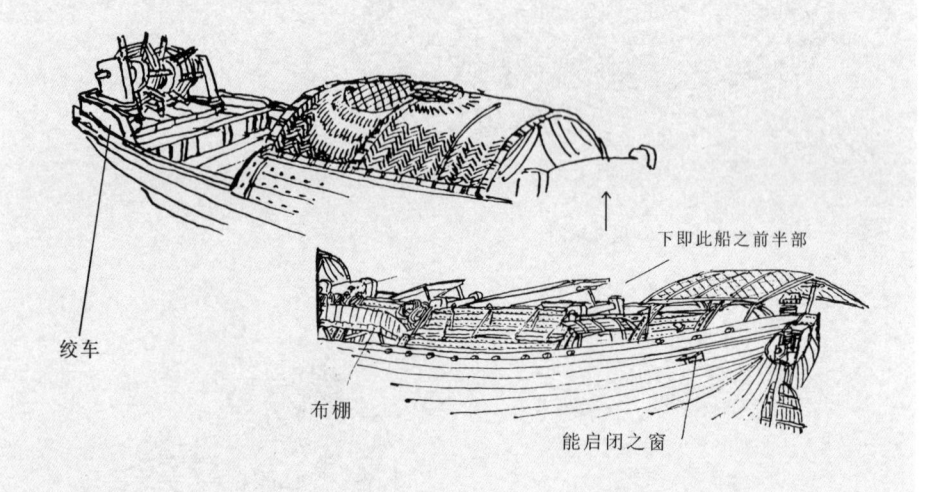

绞车

布棚

下即此船之前半部

能启闭之窗

图中舱体呈圆弧形者，密封性强，即宋代之漕船，专以装运货物，以五十艘为一纲,故称"纲船"，"花石纲"即专运太湖石的纲船船队。

附 宋人器物

灯 具

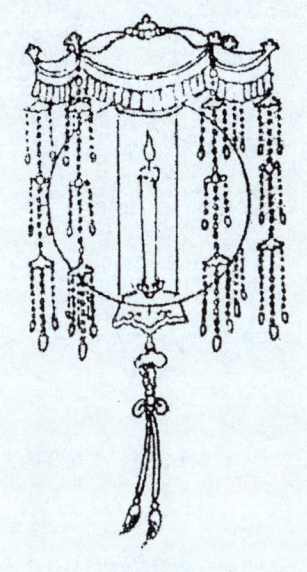

月色大泡灯

从《梦粱录》等书所载看，南宋时已有琉璃灯，似较厚的玻璃灯。灯的形制各异，用途愈广，"书灯"、"壁灯"、"触灯"（灯面题名可提引之灯）、"串灯"……皆已流行，"无骨灯"成为新的时尚。

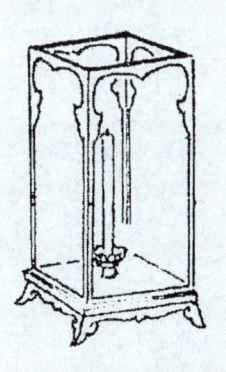

台灯,宋人称为书灯

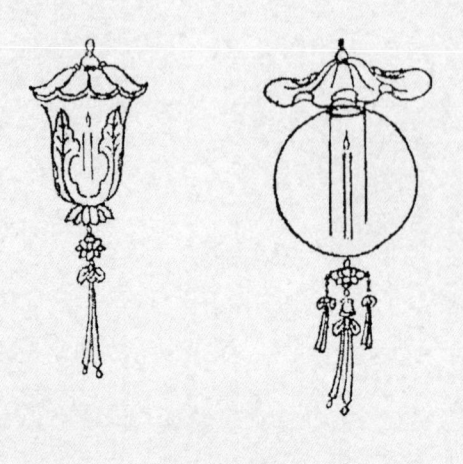

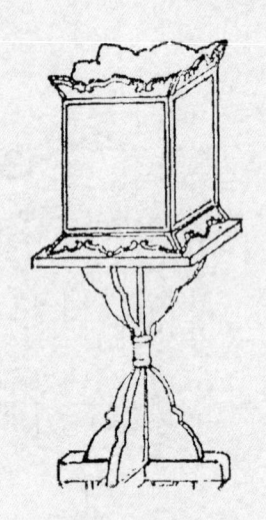

荷叶形装盖吊灯

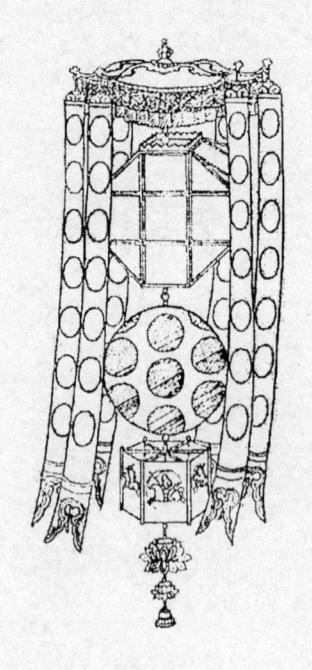

立于廊庑间或檐下的立柱灯，灯面上可写官名、殿名、官署及店铺名字。《清明上河图》孙羊店酒楼前栅栏内的立柱灯面题有"正店"二字，已具广告灯箱之义。

此串灯之上灯绘《二十四孝图》，中灯小园蒙红纱，刺四季花卉，下为走马灯，其下为三重灯坠，涂银重物，使灯保持垂直，无狂飓风不能吹动。飘带上之圆内绘佛像。

292

附 宋人器物

镜架三例，出处如下：①河南白沙宋墓壁画，②苏汉臣《晓妆图》，③王诜《绣栊晓镜图》。①为正面，较难知其结构，②印刷不清，镜架又为盒挡去，难窥全貌。从镜边六扣看，似能调节倾斜度。③最完整清晰，架金黄色，似为铜涂金，镜上有环，挂于架中柱构上。下有阻，绿色，或为翡翠。

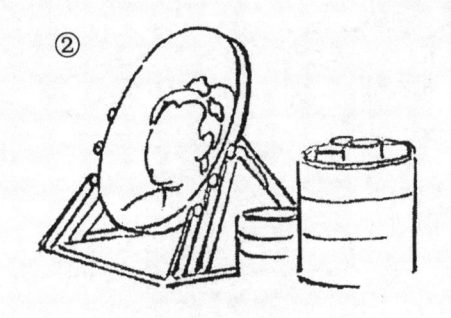

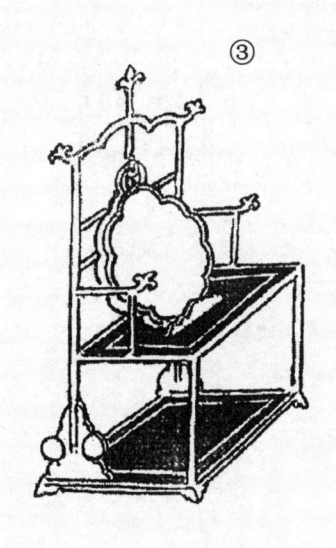

大宋衣冠

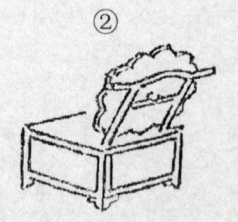

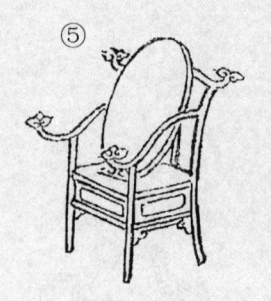

此6例见于宋后木刻插图

附　宋人器物

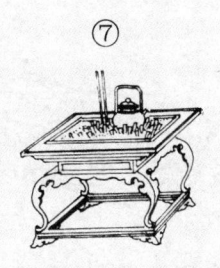

⑦~⑨为宋画中煮茶的火盆与暖箱

瓷　枕

这些瓷枕通高8~10厘米,是宋金时代倍受人们欢迎的日用枕具。

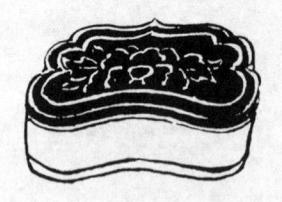

如意形枕(黑釉) 　　　　　　　　虎枕

荷叶枕

双狮枕 　　　　　　　　枕上鹿的图案

附 宋人器物

画鹿枕（同前页） 　　卧女枕（金代）

婴儿莲叶枕 　　白底黑花诗枕

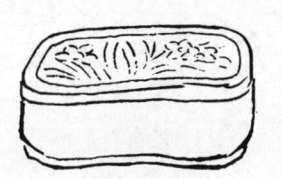

白釉剔花枕 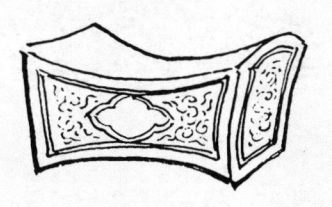　　银铤式

瓷制器皿

瓷器（瓶、罐、壶、盆、盒、碗、碟、杯、盏、匙、勺、砚、枕等），是宋代人主要的生活用具。宋代瓷窑之多，品质之优，均超过前代。定、汝、官、哥、钧五窑为宋五大名窑。定窑：今河北曲阳县，以白瓷名于世。汝窑：今河南临汝县。官窑：北宋官窑在开封，南宋官窑在杭州。哥窑：浙江龙泉县。钧窑：河南禹县。另有耀州（陕西铜川县）窑、磁州（河北磁县彭城镇）窑黑白瓷，均为酒瓶。江西、福建等地也有瓷窑。

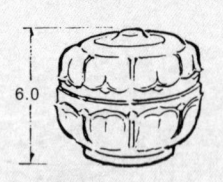

佛教净土宗用之净瓶　　　　　　外形仿鱼篓白瓷瓶

附　宋人器物

化妆粉盒

江西、浙江出土的两宋瓷粉盒。

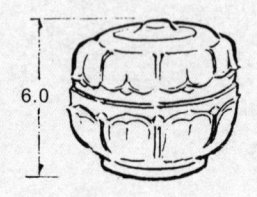

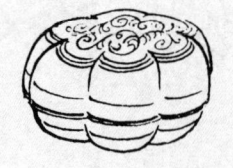

附　宋人器物

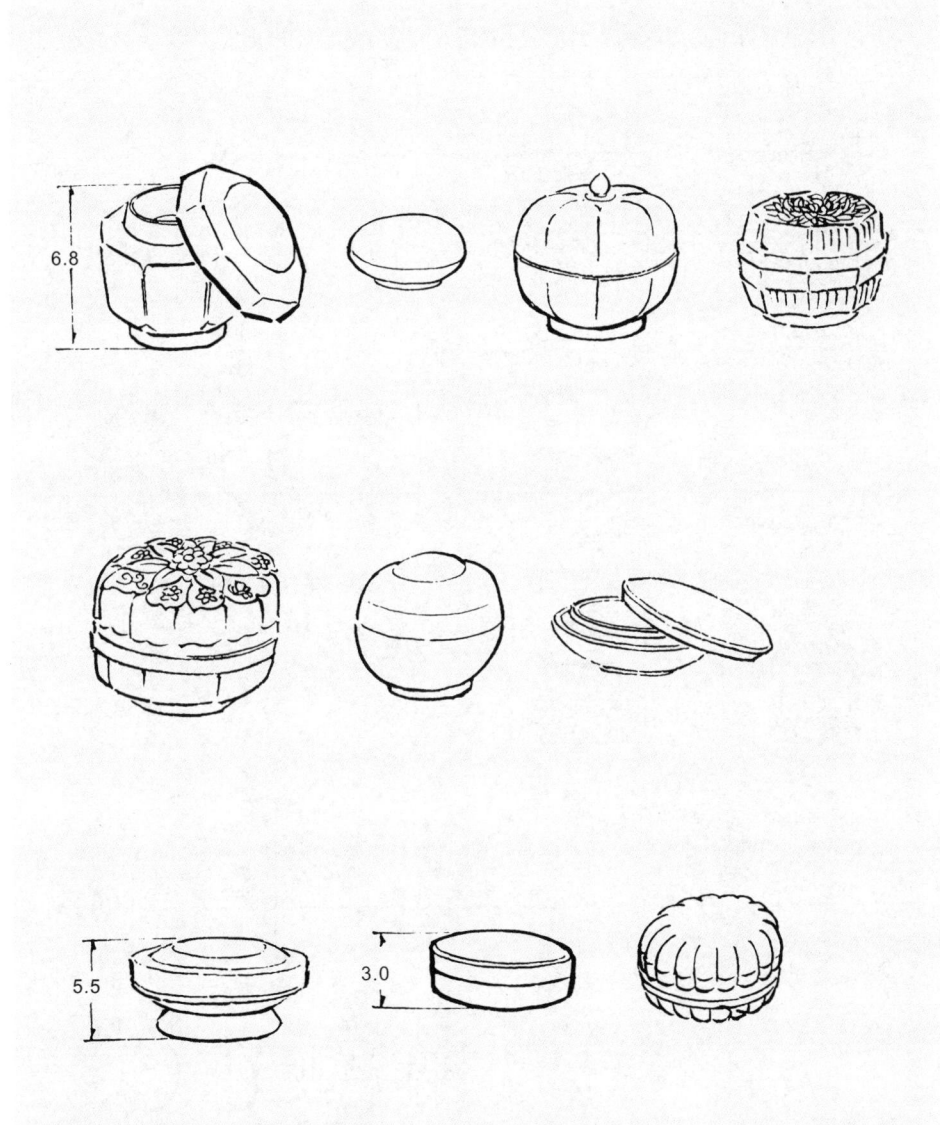

301

炉

焚香并非全因求佛，据笔记小说称，是为了驱除室内湿气、潮气。

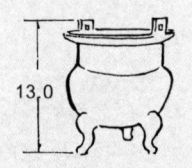

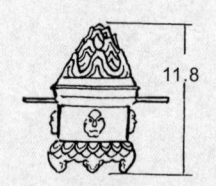

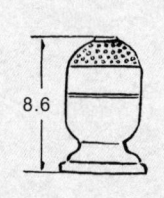

13.0 四川阆中

7.0 四川大邑

12.7

17.0

浙江龙泉产
注子

11.8

8.6

这种博山炉，过去都是金属造的，宋代则代之以瓷器。

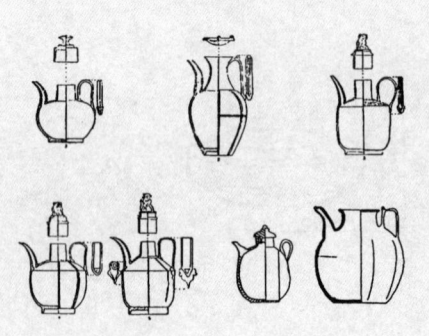

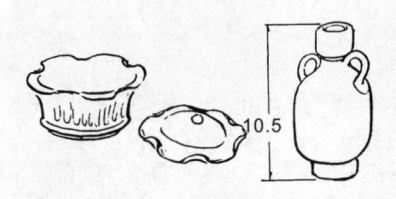

附 宋人器物

甘肃华池　　河南南乐

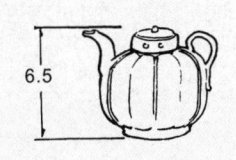

北京

杯与托的关系

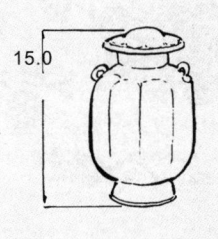

山东淄博 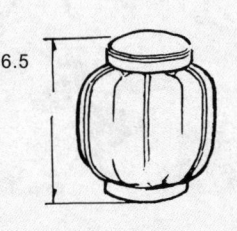　　四川大邑

服饰纹样

在宋代绘画与雕塑中，极少见到男女人物外衣上有繁密华丽的纹饰图案，如佚名工笔设色《女孝经图》中整幅裙面满布四方连续图案的例子，并不多见。常见的只是裙子对襟缘边的花边，画家都下足工夫，画得精美抢眼。这种实物在1975年福州发现的南宋宗室少妇黄升墓中有大量出土，成件服饰与丝织品共354件，织物品种有罗、绫、绮、绢、纱、绉纱、缎等七种，成衣包括外内衣裙、衫、裤等一切应有款式。而织品的纹样，除平素外，多为大小提花的折枝花卉纹，也有少量动物纹样。令人惊讶的是，制作对襟缘边花边的工艺中，使用最多的竟是工笔彩绘，或凸刻印花加彩绘，或泥金印花填彩，或贴金（箔）印花填彩，再是刺绣。但刺绣也得先有图稿，所以临安妇女用品市场上有"绣画衣领"一项，彩绘的衣领如何经得水洗，颇不可解。但这里不谈工艺的具体程序，仅将各式纹饰图案稍作展示，以知宋代纹饰图案的大致样式与风格。

深烟色绫牡丹海棠花图

附 宋人器物

褐黄色绮牡丹海棠梅花图

褐色绫牡丹芙蓉梅花图

褐色绫牡丹花图

褐色绫牡丹叶内织梅花图

大宋衣冠

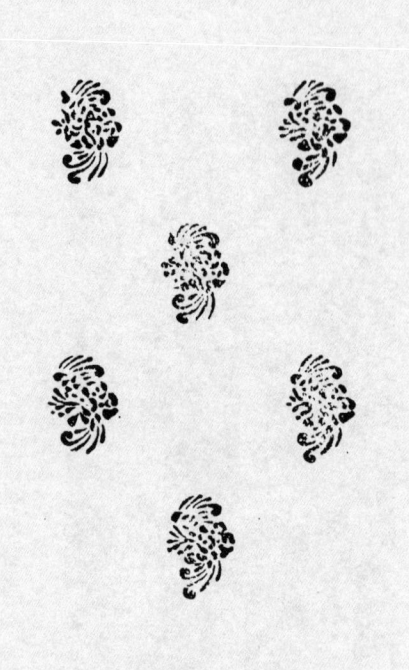

洒金双凤穿牡丹裙面　　　　深褐色绮梅花字

褐黄色绫梅花瓔珞图　　　　棕黄色缎松竹梅图

附　宋人器物

深褐色绮四合如意几何"米"字纹图

褐黑色罗牡丹芙蓉山茶栀子花图

深褐色绮牡丹芙蓉荷梅图

大宋衣冠

烟色罗牡丹花图　　　　深烟色罗牡丹芙蓉花图

黄褐色罗牡丹花心织莲花图

附 宋人器物

浅褐色罗芙蓉叶内织梅花图

褐色罗山茶花图

古铜色罗绣花佩绶花卉图　　　　　古铜色罗绣佩绶花卉图

附 宋人器物

彩绘荷萍鱼
石鹭鸶花边

彩绘梅茶水仙花边

大宋衣冠

彩绘梅兰芦雁花边　　　　彩绘狮子戏球花边

附　宋人器物

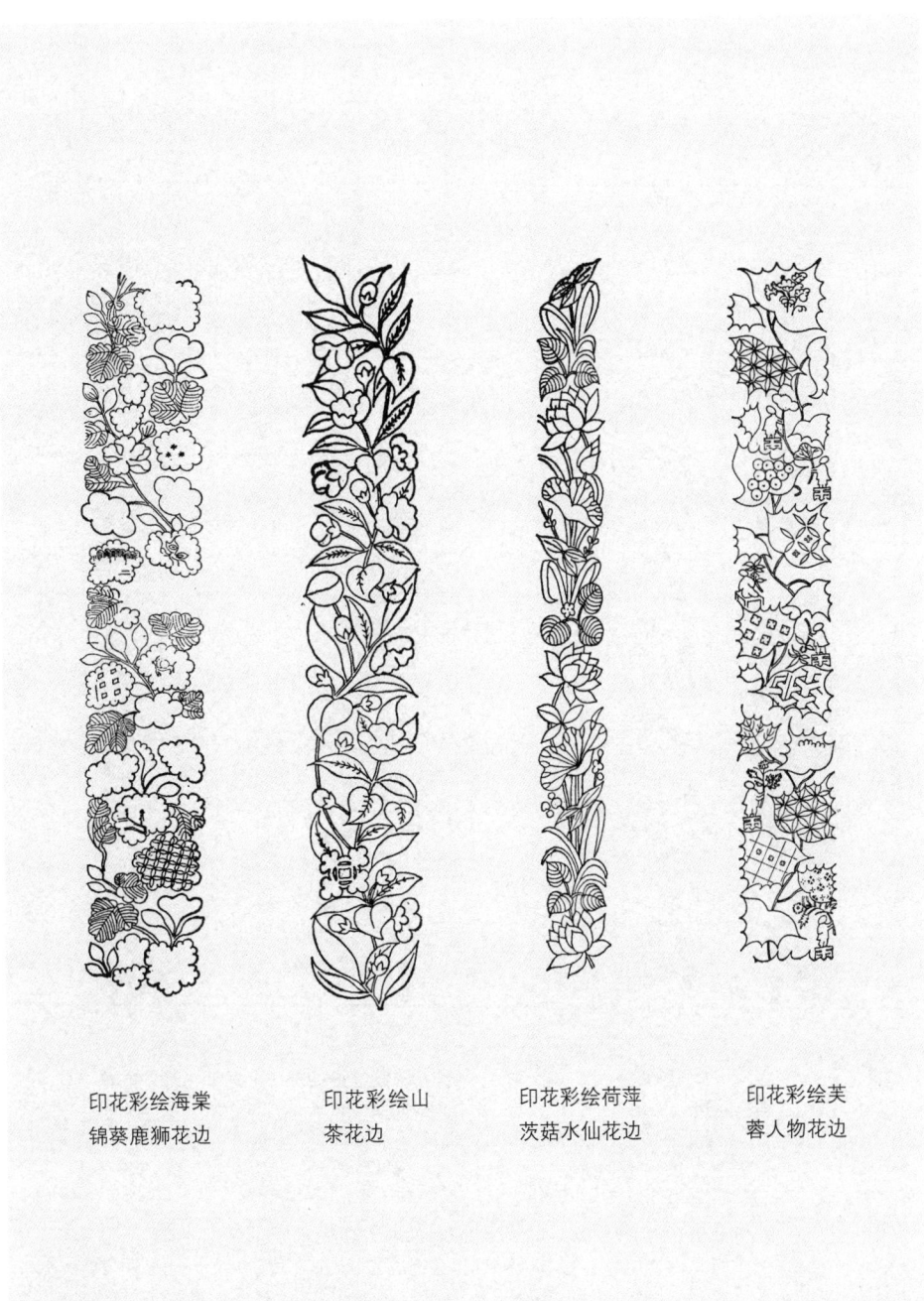

印花彩绘海棠锦葵鹿狮花边

印花彩绘山茶花边

印花彩绘荷萍茨菇水仙花边

印花彩绘芙蓉人物花边

大宋衣冠

印花彩绘蝶恋
芍药花边

印花彩绘牡丹梅
兰水仙海棠花边

印花彩绘
白菊花边

附 宋人器物

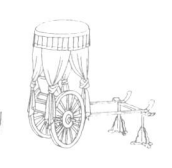

印花彩绘蓝
桃蔷薇花边

印花彩绘
云鹤花边

印花彩绘芍
药樱络花边

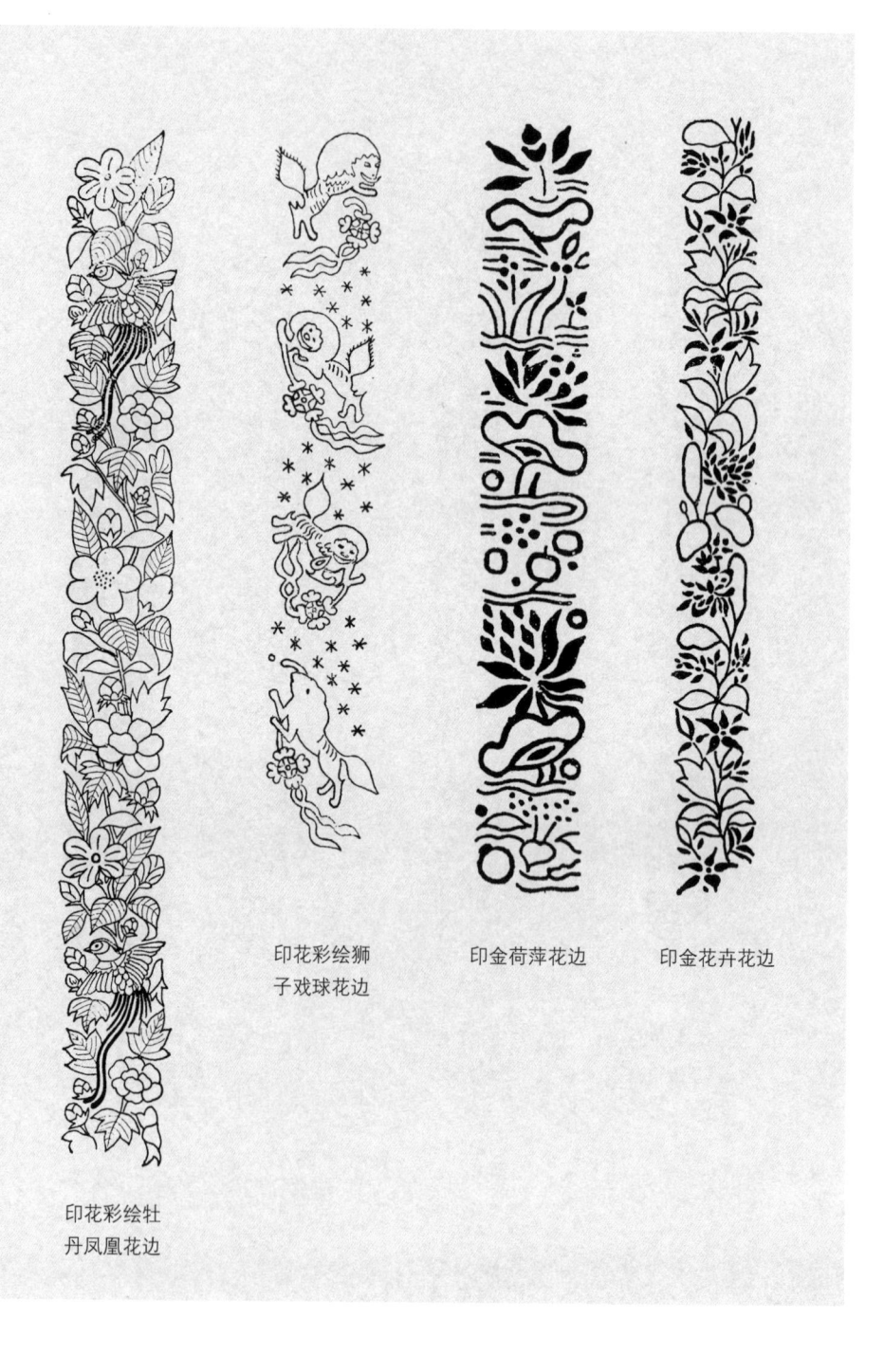

大宋衣冠

印花彩绘狮子戏球花边

印金荷萍花边

印金花卉花边

印花彩绘牡丹凤凰花边

附　宋人器物

印金荷菊花边　　印金蔷薇花边　　印金牡丹花边　　印金鱼藻花边

印金菊花
芙蓉花边

印金荷菊花边

印金荷花花边

绣牡丹芙蓉
荷茶花边

附　宋人器物

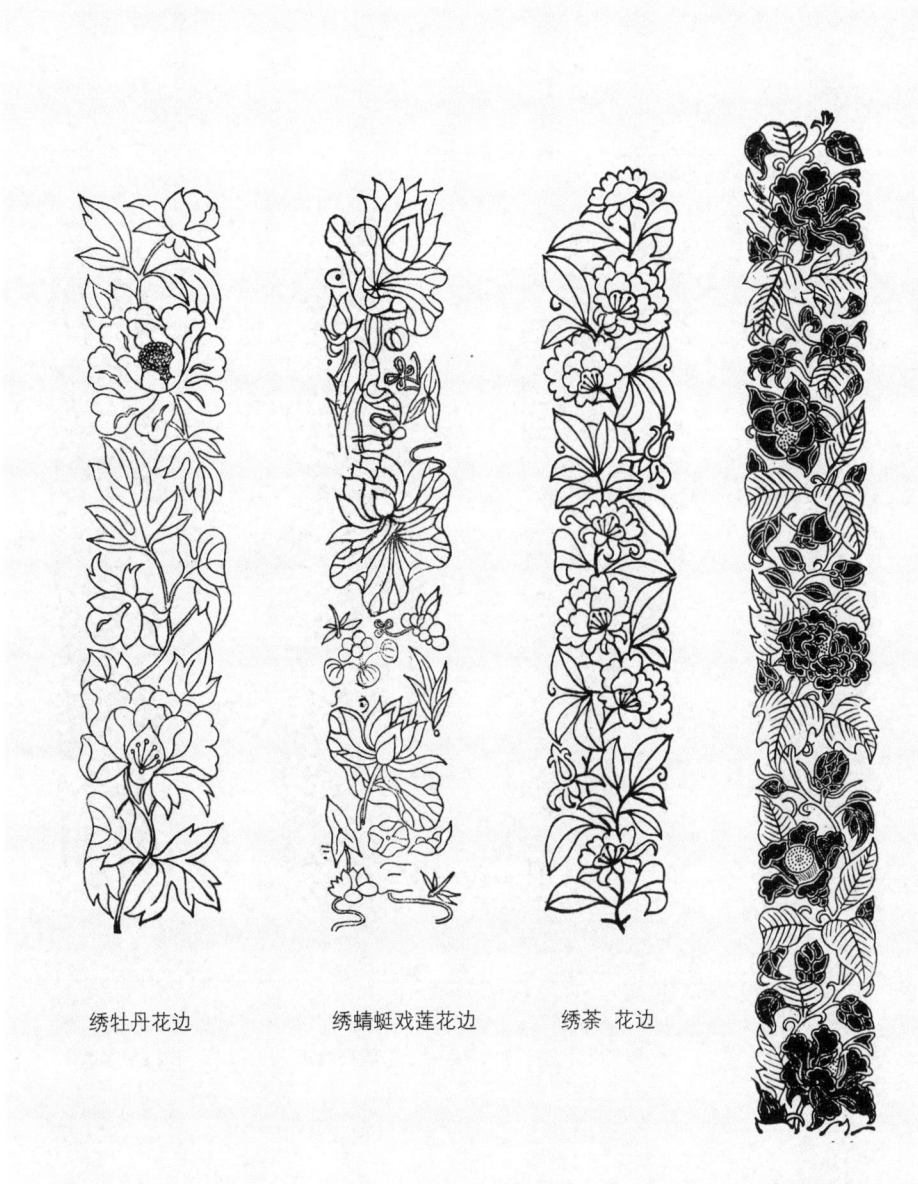

绣牡丹花边　　　绣蜻蜓戏莲花边　　　绣茶　花边

贴金牡丹芙
蓉山茶花边

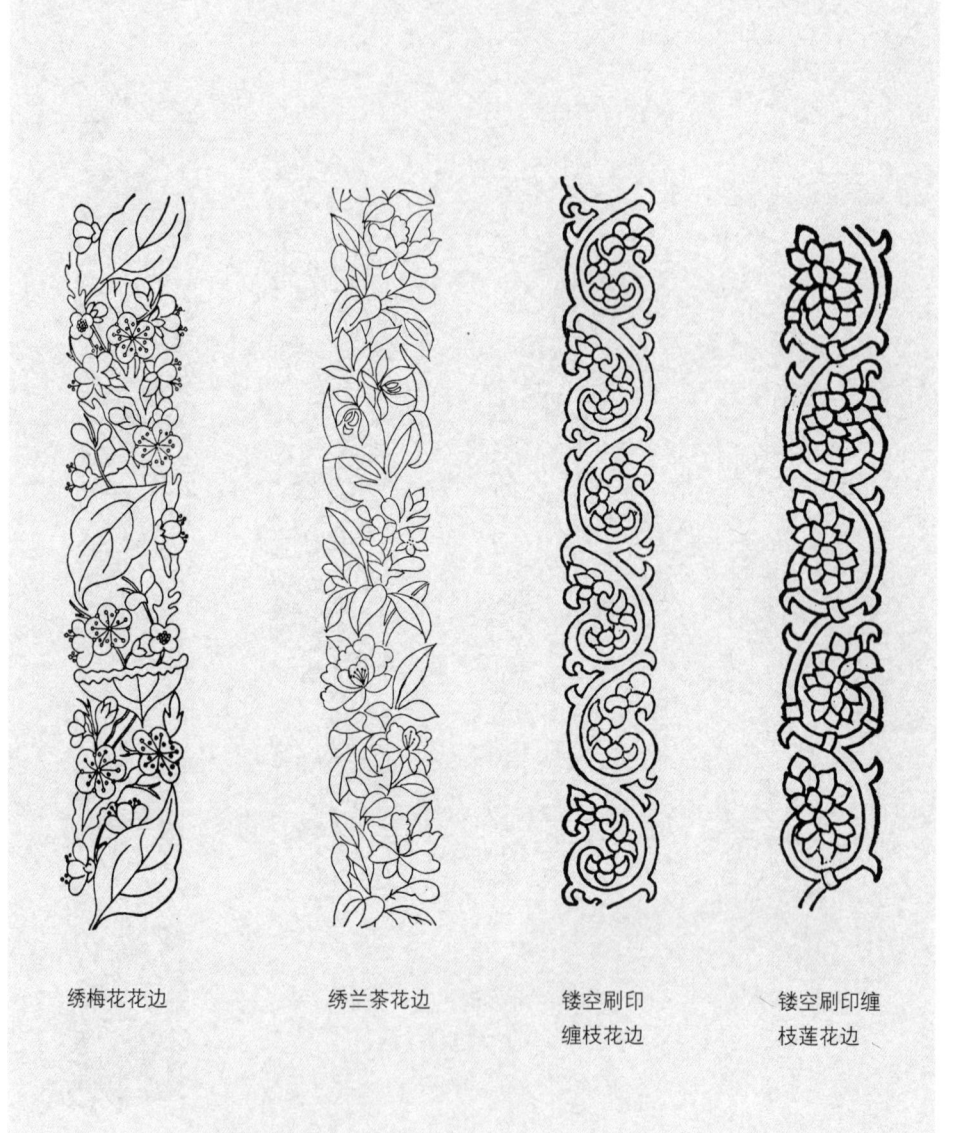

大宋衣冠

绣梅花花边　　绣兰茶花边　　镂空刷印
缠枝花边　　镂空刷印缠
枝莲花边

附　宋人器物

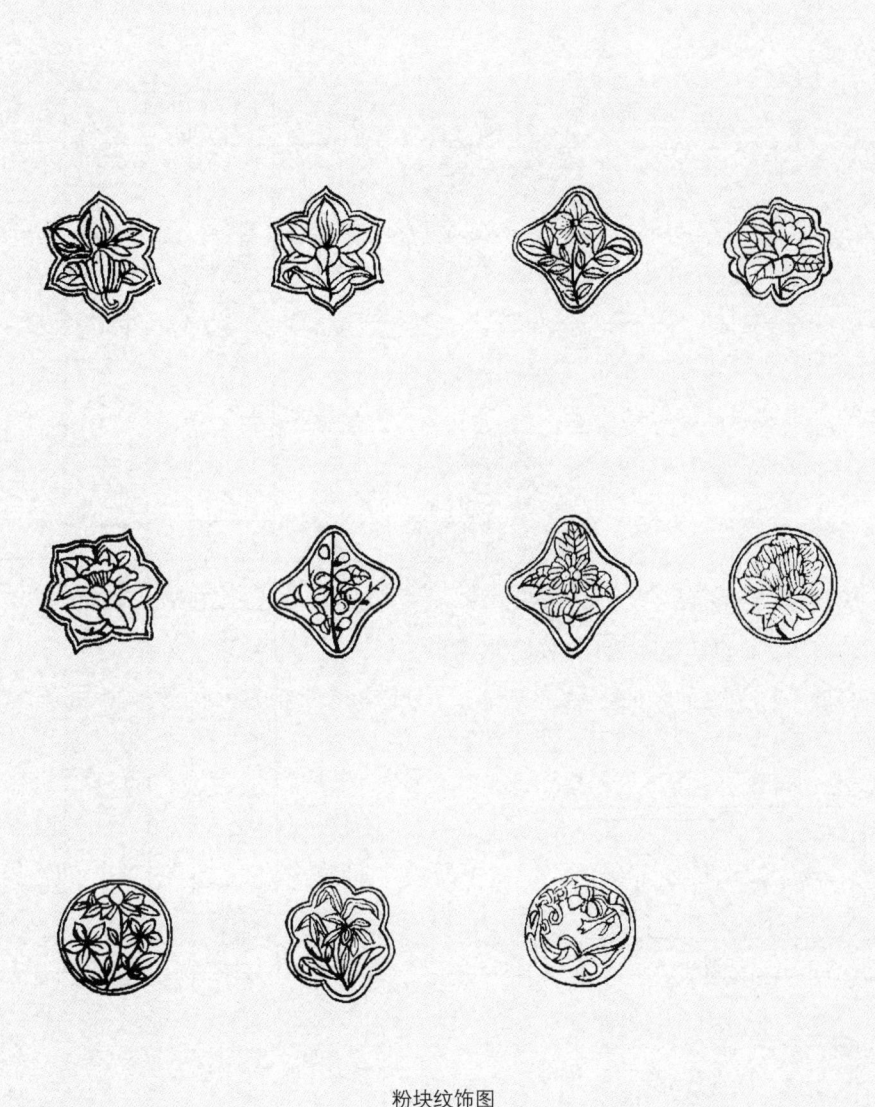

粉块纹饰图

321

金佩饰纹饰图

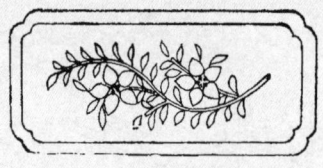

银熏纹饰图

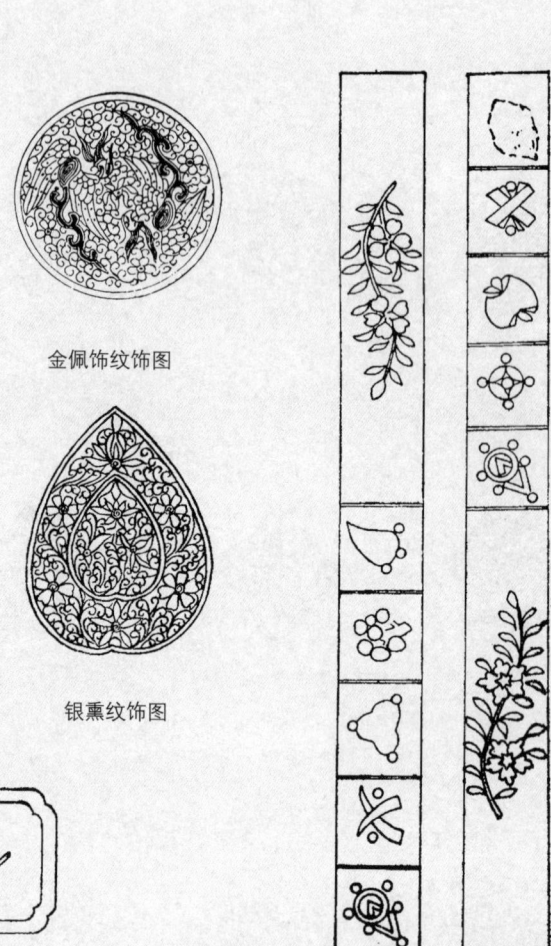

刻花髹漆缠线板纹饰图

刻花髹漆木尺纹饰图

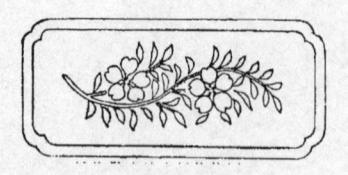

后　记

　　《大宋衣冠》在我编写的书中是历时最长的一部。我因偏爱画古装人物，很早就以极大的兴趣收集古代各种形象资料，每见必录，即将古物图像或实物临摹到速写本上，以备后用。有目的地收集宋代各种形象资料，则始于1980年。当时只要见到与宋代有关的图书、画册、期刊、文集，不论多贵，见则必买。90年代初我提前退休，顿时闲空如居深山，心如止水，心不旁骛，便将已积数抽斗的资料分门别类排列，按当时同类出版物的样式，编好目录和次序，画好版样，再将所有图像用毛笔临摹成统一风格的线描稿，只有个别图像为表现一定的体量感采用了黑白画法，然后在图旁用蝇头小楷写上临时编就的说明文字。这些图像原载于专业期刊，大多附有完备准确的介绍，我通读后以摘要形成图的说明，并非一意妄撰。完成图文制作后就如一页未印刷的书稿，全部"书稿"大约花了半年时间，共两百余页，内分三大类：1.宋人服饰与风俗；2.宋人建筑；3.宋人器物。大如车舟，小如杯盏，而以第一类数量最多。以后又因需要添画了几次，包括最近所画，如此算来，这部书的编绘先后持续了三十多年。第一批画用的是毛笔，以后加画皆用水笔甚至圆珠笔，三种笔留下的印记一目了然，记录了我三十年间的不断求索。

　　第一批图画好后的次年，曾邀当时尚在出版系统工作的同学过目，颇获赞许。他还特地为此做了一番市场调查，认为不愁销路，不料领导对此并无兴趣，出版一事乃寝。如此折腾两三回后，我心已凉，便不再奔走。直到2010年，忽然机缘巧合，承杭州市南宋史研究中心的拨识，以原稿中的宋代建筑为基础，编著了《宋画中的南宋建筑》一书，2011年由西泠印社出版社出版，印刷精美，大慰平生。

　　剩下的宋人服饰与宋人器物，只好整合成一册，成为所有介绍古代服饰图书中的另类，不过从美术创作的角度看，似乎并不出格，无论绘画雕塑还是舞台美术，只要有人物服饰就不能没有道具，器物即道具。本想再增画一些新发现的图像，但觉年迈力衰，已难胜任，只好就此交卷。

　　拙著经三十年高阁尘封得以最终问世，首先需感谢杭州市社会科学院南宋史研究中心诸先生的关心与提携，感谢当年的老师郑朝先生、同学傅维安先生为它撰写的序言，感谢同学洪世川先生为它题写的书名，感谢为重新排版不厌其烦付出别样艰苦劳动的徐志高先生、陈钦周先生以及我的学生孙宁女士，感谢为拙作的出版"整容"的所有编辑、校对与设计人员，谢谢。

　　欢迎读者诸君对拙著提出批评与宝贵意见。

傅伯星
2014年6月于杭州